韩山师范学院创建国家教师教育创新实验区成果

小学儿童诗教学研究

XIAOXUE ERTONG SHI JIAOXUE YANJIU

主　编：陈静莉　赵松元
副主编：陈培浩　许少娜

南方日报出版社
NANFANG DAILY PRESS
中国·广州

图书在版编目（CIP）数据

小学儿童诗教学研究 / 陈静莉，赵松元主编；陈培浩，许少娜副主编．—广州：南方日报出版社，2021.4

ISBN 978-7-5491-2310-0

Ⅰ．①小… Ⅱ．①陈… ②赵… Ⅲ．①小学语文课—教学研究 Ⅳ．① G623.203

中国版本图书馆 CIP 数据核字（2020）第 250471 号

XIAOXUE ERTONG SHI JIAOXUE YANJIU

小学儿童诗教学研究

主　　编：陈静莉　赵松元
副 主 编：陈培浩　许少娜
出 版 人：周山丹
责任编辑：方　明　陈　静
责任技编：王　兰
责任校对：肖　颖
装帧设计：南风视觉

出版发行：南方日报出版社
地　　址：广州市广州大道中289号
经　　销：全国新华书店
印　　刷：广州市尚铭印刷股份有限公司
开　　本：787 mm × 1092 mm　1/16
印　　张：11
字　　数：178千字
版　　次：2021年4月第1版
印　　次：2021年4月第1次印刷
定　　价：42.00元

投稿热线：（020）87360640　　读者热线：（020）87363865

序 言

儿童对万事万物充满好奇心和新鲜感。诗歌是想象的艺术，是“语言的语言”，如果把“全面提高学生的语文素养”的课标要求作为外在任务的话，那么儿童诗歌因其篇幅短小、浅显活泼、富有童真等特点契合了儿童语言发展的需要，也成了二者最好的链接点。统编版语文教材中儿童诗歌占比有所增加，譬如一年级教材就收入了六篇优秀的儿童诗，显然儿童诗教学已成为语文教学不可或缺的一部分，它既有语言的丰富性，又有文化的传承性，儿童诗教学的研究亦自然而然地成为教师探索的课题。对于怎样开展儿童诗教学，怎样避免重形式轻内容，怎样增加自身的诗歌教学素养等问题，教师们也是摸着石头过河，投石问路。

编撰本书，目的在于给一线教师在儿童诗教学中把握教材特点、选择教学策略上提供参考，在儿童诗创作指导、朗读、鉴赏上提供借鉴。汕头市龙湖区金珠小学倡导涵养教育，秉承“让每一个孩子都发光”的教育理念，作为广东省童诗教学研究基地，不断更新教学理念，创新教学模式，以生教生，师生互教，走在诗歌教学前列，坚持开设诗歌社团，开展专题讲座，搭建师生共研诗歌的平台，为诗歌教学奠定了一定的基础，也为编撰此书提供了有利素材。

全书由三部分组成：理论篇、教学实践篇和童诗创作篇。

理论篇为教师对诗歌教学的深度与广度做一个剖析，韩山师范学院副教授冯丽军关于儿童文学的理论观，提高教师对儿童诗情感教育的价值认识，在儿童诗教学目标设计中更注重情感体验与语言沉淀；让教师意识到儿童诗对促进学生语言发展的重要性，在儿童诗教学过程中加强语言训练、思维逻辑训练、创造性训练，以更好开发学生的语用能力。

教学实践篇旨在根据学生的身心发育水平合理设计教学环节，选择有效的教学手段、恰当的评价语言，阐述教师在儿童诗教学研究中的所得，提高教师的教学专业技能及诗歌审美能力。

童诗创作篇展示学生的儿童诗创作作品，激发学生对儿童诗的学习兴趣和创作热情，让更多的孩子爱上儿童诗。

一线教师承担着提升学生审美情趣的责任，面对如何依托儿童诗这一载体培养学生语感、启发学生心智、净化学生心灵这一问题，此书抛砖引玉，希望共同构建诗意课堂，重诗教，爱诗教，砥砺前行，充分发挥诗教的教育意义。

陈静莉
2021 年春

目录

CONTENTS

1 理论篇

2 教学实践篇

3 童诗创作篇

理论篇

小学儿童诗
教学研究

XIAOXUE ERTONG SHI
JIAOXUE YANJIU

儿童观：儿童文学的支点

所谓儿童观，“是成人对儿童生活和心灵世界进行观照而生成的对儿童生命形态、性质的看法和评价，是成人面对儿童所建立的人生哲学观。”[①] 它不仅决定着儿童文学的发展动力和方向，而且决定着儿童文学作家的创作。

儿童观不是生成的，而是形成的。在中西方文化史上，曾出现过不同形态的儿童观。

在西方，中世纪以前，儿童并没有被当作一个有独立人格的个体来看待，在成人世界里，儿童实际上不“存在”。到了 17 世纪，清教徒从基督教教义的原罪观出发，开始在家庭对儿童进行宗教教育。这种禁欲式的教育，主观上是想把神的意志传达给儿童，借此给儿童带来快乐；但实际上却压制了儿童的内在生命力，束缚了儿童天性的发展。1693 年，英国哲学家、教育思想家洛克提出了与宗教原罪观念不同的“白板说”，认为儿童的心灵就像一张洁白的纸，可以任由成人来涂抹。这种教育观虽然肯定了教育在人的成长过程中的作用，但它所强调的教育仍是偏重“说教”的教育，教育的主动权仍掌握在成人手里。可以说，中世纪以降、18 世纪以前的西方社会里，这两种带有教训意味、以成人为本的儿童观始终占据着统治地位。1762 年，法国思想家卢梭在他的教育小说《爱弥儿》里，提出了两个具有划时代意义的思想：一是认为“儿童是与成人全然不同的独自存在。”[②] “儿童时代决不只是迈向成人的一个台阶，而是具有自身的价值，儿童代表着人的潜力的最完美的形式。”[③]成人不应

①朱自强．中国儿童文学与现代化进程 [M]．杭州：浙江少年儿童出版社，2000：215.
②卢梭．爱弥儿——论教育 [M]．北京：商务印书馆，1978：3.
③卢梭．爱弥儿——论教育 [M]．北京：商务印书馆，1978：7.

该设想去教育儿童，而是应该去向儿童学习；二是提出了“自然人”的教育思想。他认为正确的教育应该是使儿童自然而然地成长，使他们的自然感性得到最充分的发展，而不应该是由成人按自己的意愿来塑造儿童。卢梭的教育思想显然是对以前的教育思想的一种反驳。当然，这种教育思想也不排除教育儿童的成分，但卢梭毕竟首次“发现”了儿童，这在人类发展史上无疑是一大进步。也正是在这一社会观念发生重要变化的基础上，才产生了儿童的文学。18世纪末、19世纪初的英国浪漫派诗人华兹华斯、柯勒律治又延伸了卢梭的观点，他们尊崇儿童所具有的人的价值，认为“儿童是成人之父”，把儿童作为美的对象来讴歌。这种浪漫主义的儿童观给19世纪儿童文学的发展注入了一股清流。于是，在19世纪末、20世纪初的西方就产生了“儿童本位”的儿童观，即“从儿童自身的原初生命欲求出发去解放和发展儿童”[①]，这是一种先进的儿童观。

而我国的情况则不同。我国的封建制社会长达两千多年，“父为子纲”的封建家长制儿童观长期占据着统治地位。在这种儿童观的观照下，儿童不是被视为“缩小的成人”，就是被看作“不完全的小人”，根本不被当成为具有独立意识的个体来看待。因此，可以这样说，在五四运动以前，中国的儿童不“存在”。直到五四时期，在西学东渐的大潮中，周作人、鲁迅兄弟提出了“幼者本位”的儿童观，才在中国最早“发现”了儿童，也才为中国儿童文学的出现提供了可能。如果我国也能像西方的一些国家那样，沿着从“发现儿童”到“发现儿童文学”的轨迹迈步向前的话，我国现当代儿童文学的天空也许会晴朗得多，可中国的情况太特殊了，正如周作人所说的“在中国，革新与复古总是循环的来，正如水车之翻转[②]”。在接下来的“中华民族到了最危险的时候”的20世纪二三十年代，在身为儿童文学创作主体的成人都在为民族危亡奔走呼号的时候，在身为儿童文学接受主体的儿童还处于食不饱居不安的情况下，儿童文学作为由成人作家专为小读者创作的特殊文学又怎么可能轻装前进呢？1949年以后，由于历史和政治文化的规范，儿童文学被成人冠以“教育儿童的文学”，这时的儿童仍是成人眼里“不完全的小人”，此时的儿童观仍停留在“白板说”的阶段，这仍是一种教育主义的儿童观。改革开放给中国儿童文学

①朱自强．儿童文学的本质[M]．上海：上海少年儿童出版社，1997：68．
②王泉根．中国儿童文学现象研究[M]．长沙：湖南少年儿童出版社，1992：115．

带来了福音，“儿童文学是文学”口号的提出，把儿童文学从“教育的工具”论中解放了出来。儿童文学的这种向“文学性”的回归，在某些人看来也许纯属多余，但人们在为这种观念的转变而怀着叹惋之情的时候，也应为此而感动得潸然泪下了，毕竟它使儿童文学回到了正常的轨道上来了。20世纪80年代末、90年代初，儿童文学开始向“儿童性”回归，意味着“儿童本位”的儿童观的即将或正在诞生。这种在我国20世纪末才姗姗来迟的儿童观与西方20世纪初就已产生的“儿童本位”的儿童观在本质上是一致的。

日本著名儿童文学作家、理论家秋田雨雀在《作为艺术表现的童话》一书中认为，人类在进入现代社会以后，主要有两种对立的儿童观，“一种观点是成人把成人的世界看成是完善的东西，而要把儿童领入这个世界；另一种观点是，意识到自己和生活的不完善和不能满足，而不想让下一代人重蹈覆辙。”“从前一种观点出发，便产生了强制和冷酷；从后一种观点出发，便产生了解放和爱。”①从上述我们对中西方儿童观演进过程的梳理可以发现：中西方的儿童观虽然最终殊途同归，但在某一阶段仍存在着很大的不同，比如说在20世纪，如果我们套用秋田雨雀的观点，在20世纪八九十年代以前的中国拥有的就是前一种儿童观，而在20世纪的西方则拥有后一种儿童观。那么在这两种不同品质的儿童观的观照下，中西方20世纪的儿童文学会呈现出怎样的差异呢？下面我将从中西方20世纪的儿童文学领域各选一位有代表性的作家以及他们的代表作品作为范本来加以剖析。

张天翼和姜尼·罗大里是中西方儿童文学各自的历史经线上引人注目的典型人物。罗大里是西方“二十世纪儿童文学的泰斗”，②而张天翼则被认为是中国现代儿童文学的集大成者。他们具备了创作儿童文学所必需的一切才华：永不枯竭的童心、丰富而充沛的想象力、与生俱来的幽默天赋、对生活的敏锐观察力等，而且作为现实主义作家，意大利共产党人罗大里和中国共产党人张天翼在他们各自的作品里，都勇敢地把童话的笔触深入到了现实社会的深处，在童话尽可能的范围内揭示了现实社会黑暗面的客观存在，并毫不隐晦地表明了他们的政治倾向。针对意大利法西斯头子墨

①朱自强．论中国当代儿童文学的儿童观[J]．东北师范大学学报（社科版），1988，(4).
②韦苇．世界儿童文学史概述[M]．杭州：浙江少年儿童出版社，1986：426.

索里尼的黑暗统治，罗大里把批判的矛头直接对准了统治阶级，如假话国里昔日的海盗、今日的国王贾科蒙和他的大臣们；《洋葱头历险记》里的柠檬王、番茄骑士、青豆律师和芹菜先生等。作者在写出他们狠毒、狡诈的同时，还写出了他们的愚蠢和无能。而那些维护被统治阶级利益的“人物”则被写成是足智多谋、机智灵活、生性快乐的，如《洋葱头历险记》中的洋葱头，《假话国历险记》中的瘸腿猫和小茉莉，《不肯长大的小泰莱莎》中的小泰莱莎……与其相似，张天翼的早期童话代表作《大林和小林》《秃秃大王》《金鸭帝国》创作于 20 世纪三四十年代，正值中华民族苦难深重之时，所以，张天翼在描写了旧中国劳动人民及其子女的生存困境，描写了剥削阶级的穷奢极欲和他们肮脏灵魂的同时，还描写了劳动人民反抗的激流，如小林联合工人打死老板四四格，后来又举行罢工斗争；小明、冬哥儿与农民打进“秃秃宫”，消灭了穷凶极恶的秃秃大王等。但是，同为 20 世纪的现实主义儿童文学作家，张天翼和罗大里的儿童观是不同的。

一个人的儿童观形成，既受传统文化的影响，又有现实的因素。罗大里是西方文化孕育出的“宁馨儿”，西方文化从古希腊、罗马文化起就有着重视人的个体价值的人本主义色彩，虽然中世纪的神学统治把人置于“上帝的羔羊”地位，但文艺复兴运动又使人在上帝面前挺直了身躯，人再次“发现”了自己。在此基础之上，随着 18 世纪启蒙运动的兴起，卢梭又首次“发现”了儿童，因此在 19 世纪末、20 世纪初的西方能产生以“儿童”为本的儿童观也就是顺理成章的事了。罗大里的创作时值 20 世纪五六十年代，虽说第二次世界大战给人们心灵造成的创伤还未抚平，但对于创作童话而言，只是提醒了人们要在更广阔的范围内去反映这个日益纷繁复杂的世界，让现代生活扑进童话，而文学的那种崇尚人道主义和赞美人的个体价值的精神是没有改变的，那种以“儿童”为本的儿童观是一以贯之的。所以，罗大里持有的就是一种“儿童本位”的儿童观。张天翼是在中国传统文化哺育下成长起来的作家。中国传统文化从《诗经》起就有着“载道”的传统，这种传统文化的价值观与西方文化相比，是消解人的个体价值的，它强调的是把人的个体价值归结为社会价值和道德价值。在这种传统文化的影响下，中国知识分子从来都以“修身、齐家、治国、平天下”为己任。这种文化传统的浸润，无论是对于作家本人，还是对于作家的作品来讲，都留下了抹不去的痕迹。张天翼的创作正值20世纪三四十年代，当时的左翼文坛从阶级斗争、民族振兴的角度出发，要求儿童文学与整个左翼文学一样注入“革命范式”的理想主义激情，强化文学与时代、文学与革命的关系。在这种特定历史背景下，身为左翼作家的张天翼初操童话之笔就紧扣时代的脉搏，把目光投向了社会和人性。他用童话的形式来讽喻、针砭现实，表现出了对中国文学“载道”传统的成功继承。所以，张天翼持有的就是一种成人式的、功利主义的儿童观。

由于张天翼和罗大里的儿童观的不同，就决定了他们的儿童文学有着不同的美学追求和表现形式。

首先，他们童话的美学风格不同。罗大里继承并发展了安徒生的现实主义童话传统，他以安徒生的名言“最好的童话是人的生活”为座右铭，描写了现实社会的客观存在。如《假话国历险记》，故事的正面主人公小茉莉是个孤儿，生来就是大嗓门。因为嗓门大，他被村里人说成是“巫师”。村里待不下去了，他决意去当个歌唱家，用大嗓门为自己寻找一份幸福和快乐。他流浪了几天，来到了假话国。假话国的国王原来是个海盗，他占领了一个自由的国家后，为了掩盖事实真相，就故意颠倒黑白，把“海盗”解释成“好人”，“早上”改叫“晚上”，猫得学狗叫，狗得学猫叫。小茉莉在这里同一个小姑娘画出来的瘸腿猫结成了好友，后来又结识了小画家小香蕉，他们联合起来同海盗国王一伙进行斗争。最后，小茉莉的大嗓门震塌了监狱和国王的宫殿，假话国在地球上消失了。罗大里把墨索里尼统治时期的意大利概括为“假话国”，其政治倾向性是很明显的。但由于罗大里所持的是“儿童本位”的儿童观，所以他在表现现实生活时，就能站在孩子的立场上，以儿童的视角来反观成人世界，对社会现实进行批判。他在《幻想的法则》这部论著中曾经表达过这样的思想：好的童话应是能使孩子对人、对事物、对大自然产生由衷的良善意愿的童话；好的童话应该让每个孩子这样来看待世界：好心善意总不会白白落空，良善总能唤起良善来回报，好人总能得到好人的帮助。为此，他用“假话国”这一象征性的童话环境来讽刺资本主义社会是非混淆的丑恶现象，并通过小茉莉一方与海盗国王一方的斗争告诉人们：绝不能用战争来解决争端。而作品中宁可“为了别人的生命献出自己的生命”的本韦努托更是作者这种美学理想的化身。可见，在罗大里的童话里，儿童是“代表着人的潜力的最完美的形式”出现的，而与其相对的成人社会则代表着人类的不完美。通过对现实（成人社会）的批判，罗大里要教给孩子的是“爱”，是用“良善意愿”去看待世界。而张天翼则是继承和发展了叶圣陶的现实主义童话传统，认为，“只要不是一个洋娃娃，是一个真正的人，在真的世界上过活，就要知道一点真的道理”①。基于此，“真”，就成了张天翼童话的艺术生命。如《大林和小林》，故事的主人公大林和小林出去逃荒，半路遇到妖怪要吃他们，他们又急又怕，分作两路逃散了。小林落到一批坏蛋手里，经历了种种苦难，终于和他的小伙伴们逃了出来，跟着火车司机学习开火车。大林一心想发财，给一个大富翁做了儿子，过着穷奢极欲的生活，最后饿死在金元宝堆里。通过小哥俩不同命运的描写，张天翼向人们展示了旧社会统治阶级的昏庸无耻和他们对劳动人民的残酷压迫，也表现了劳动人民为了追求光明而进行的顽强斗争。作者的政治倾向性也很明显，但由于张天翼所持的是一种“成人本位”的功利主义儿童观，所以他的童话就不是站在儿童的立场，而是站在成人的立场来对现实进行批判的。他的目的是要向儿童昭示一个真的道理：团结起来进行斗争，推翻这个不合理的社会。而童话本身的文体意义只是被借用的工具罢了，正如他自己所言：“解放前，我写《大林和小林》等童话，是因为那时不用童话形式写就不能发表。”张天翼还曾表示，他为孩子们写东西的目的是：要让孩子们看了能够得到一些益处，例如使孩子们能在思想方面和情操方面受到好的影响和教育，在他们的行为习惯方面或是性格品质的形成和发展方面受到好的影响和教育，等等。②正因出于这样的动机，他意欲告诉儿童“真的道理”的心情就非常急迫，而这种成人式的真的道理就是“恨”，而且为了达到教育孩子的目的，他还不惜以穷人家的儿童（大林）作为批判的靶子，让他饱尝“富贵之苦”后饿死在金元宝堆里。可见，张天翼的童话有站在成人的视角观察孩子的倾向，表现的是成人社会对孩子的期望与规范。

其次，他们的童话的表现形式不同。幻想是童话最基本的特征，是童

①张天翼.奇怪的地方（序）[A].张天翼研究资料[C].北京：中国社会科学出版社，1982：459.
②张天翼.为孩子们写作是幸福的[A].张天翼研究资料[C].北京：中国社会科学出版社，1982：459.

话的灵魂，没有幻想就没有童话。罗大里的童话并没有因作者的政治倾向性和现实性而失去童话的根本特征。他认为，“童话应该是启动孩子想象的小马达，这个小马达能将孩子的想象牵引上一条通往现实社会的道路；童话又应该是一把钥匙，打开门就在他眼前展现孩子见所未见的人生世界。这个世界既广无际涯，又复杂纷纭，它的构成既奇妙，又平凡”。[①]同时，他认为，儿童想象的基础是“游戏性思考”。这种游戏性思考能燃起孩子活泼而又温暖的感情，能使孩子相信激动人心的一切都是实有其事的，能够帮助孩子展开想象的翅膀。正因为罗大里能深入体察孩子的内心世界，能理解儿童的真实所需，才使得他能用幻想构建起一个亦实亦虚、亦真亦幻的童话世界——假话国，并能用孩子式的游戏性思考去表现它。在这个虚幻的世界里，大嗓门的小茉莉、粉笔画的瘸腿猫、不能坐的本韦努托、戴假发的假话国国王等童话形象，都在煞有介事地活动着，一切都好像是真的。日本的儿童文化研究者本田和子认为，“儿童生活的世界是一个‘现实’与‘非现实’共存的世界”。[②]“假话国”的构想，就使得罗大里打通了现实与非现实之间的界限，使得他的童话中的幻想就像插上了轻灵的翅膀带着孩子们去自由飞翔，而且这种幻想是一种从内容到形式的全方位的思想解放，这就使得他的童话充满了亲切、情趣和快乐。而张天翼的童话由于受传统文化的影响，其“载道”的传统仿佛是与生俱来的。由于作家急于把自己的思考灌输给儿童，再加上受中国传统文化“求实”精神的影响，就使得张天翼缺少西方知识分子那种自由奔放、想象力丰富的性格，所以，“真的人、真的世界、真的道理，这三者的有机统一，使张天翼早期的长篇童话成了‘时代的生活和情绪的历史’（高尔基）”。[③]这种沉甸甸的使命感和现实感使得他的童话既没有构建起一个“现实”与“非现实”共存的世界，也缺少那种鲜活的、儿童式的想象（虽然有也是片断的、支离破碎的，如“搔脚板”之类），而代之的是一些简单的讽刺和夸张，如对大林（也是儿童）的可笑的夸张描写：他需要200个人伺候，每次吃饭时“第一号听差把菜放到他嘴里，然后第二号扶着他的上颚，第三号扶着他的下巴，叫道：‘一，二，三！’就把他的上颚和下巴一合一合的，

①韦苇．世界儿童文学史概述[M]．杭州：浙江少年儿童出版社，1986：430.
②朱自强．儿童文学的本质[M]．上海：上海少年儿童出版社，1997：104.
③王泉根．现代中国儿童文学主潮[M]．重庆：重庆出版社，2000：266.

把菜嚼烂了，全用不着他自己来费劲”。[①]这种过于简单的、写实的手法，就使得张天翼的童话更多地停留在现实的世界里，而没有走进儿童的世界，也就无法满足儿童的心灵所需，甚至带有了某种成人的教训和说教色彩。

别林斯基认为，儿童文学作家“不应该把自己的注意力花在消除孩子们的缺点和恶习上，重要的是多费点心血，用富有生命力的爱来充实孩子们的心灵，因为有了爱，恶习就会消除。”[②]罗大里从维护儿童的利益出发来反观成人，感受儿童与成人社会的冲突，并以成年人的经验帮助儿童分析、解决这些冲突，力争做一个维护儿童利益的成年人。这样，他就把批判的矛头指向了与儿童利益相冲突的成人社会。他的作品释放出的是一种和风细雨式的爱，赋予儿童的是轻松、愉快的情感。正因如此，他的作品也能更接近童话的本质。而张天翼却是从阶级利益出发，以达到某种功利目的为目标，注重的是向儿童灌输某种理性，而忽视儿童自身的生命欲求。所以，他把训诫的矛头就对准了纯真、质朴的儿童，他的作品释放出的是一种急风骤雨式的恨或是喋喋不休的说教，而缺少自由的幻想、快乐的游戏以及来自成人的理解和鼓励。为此他的作品也就远离了童话的本质，只是一种带有一丝幻想的虚构的“现实故事”。

儿童观是儿童文学的支点。作家持有什么样的儿童观，即对儿童采取什么样的态度，不但决定了儿童文学的发生与发展，而且直接制约着儿童文学的美学倾向和艺术风格。从上述分析我们可以看出，先进的、“儿童本位”的儿童观会产生“解放和爱”，如罗大里的童话；而落后的、“成人本位”的儿童观则会产生“强制和冷酷”，如张天翼的某些童话。好在20世纪末，我国的儿童文学作家和理论家已经清醒地认识到落后的儿童观是阻碍我国儿童文学健康发展的一个很重要的因素，并已有所改变。但愿在新的世纪里，拥有一种先进的儿童观会成为我们每个成年人，尤其是儿童文学作家和理论家的自觉意识。

①张天翼．大林和小林[Z]．北京：中国少年儿童出版社，1956：77.
②朱自强．中国儿童文学与现代化进程[M]．杭州：浙江少年儿童出版社，2000：334.

儿童文学与儿童创造人格

美国哈佛大学校长普西曾说："一个人是否具有创造力，是一流人才和三流人才的分水岭。"[①]可见，创造力对于我们每个个体的重要性。创造力培养应从儿童抓起业已成为人们的共识，但如何培养儿童的创造力则是仁者见仁，智者见智的。影响儿童创造力培养的因素有很多，诸如生理、遗传因素，个体主观因素，家庭环境、学校教育以及社会历史和文化背景，等等。以往的研究者往往更多地注意智力因素对儿童创造力培养的影响，对儿童的人格等非智力因素的探新则较少，而大量的研究成果已经证明，在智力因素相近的情况下，非智力因素是创造力的另一个重要的主观因素。研究者们已经清楚地认识到，"儿童的创造力不仅仅局限于一般的智力特点，也不单纯是由固定的理性方面的因素所组成"，它"总是和人格的其他部分处于复杂的联系之中，它的发展必定在一定程度上受到人格结构中其他因素的制约。"[②]这也就是说，人格因素也是促进儿童创造力发展的重要条件之一。所以，下面我想着重谈谈儿童文学在培养儿童创造人格方面的积极作用。

创造学和心理学的研究表明，高创造力者常表现出与一般人不同的个性特征，换言之，创造力与某些个性心理特征有着高相关。有研究者认为，坚定的目的性、行动的果断性、勇于克服困难的精神、不屈不挠的顽强毅力、丰富的感情、高度的责任感、自我批评的勇气、自信心和勇于创新的精神等优秀品质是与创造力是密不可分的。[③]也有研究者认为，创造型儿童的一般人格特征可以概括为几个方面：具有浓厚的认知兴趣，情感丰富，富

①高春梅．创造力开发——决胜未来的选择［M］．北京：中国社会科学出版社，2000：241．
②董奇．儿童创造力发展心理［M］．杭州：浙江教育出版社，1993：198．
③高玉祥．创造能力与性格品质［M］．心理学探新，1985，(1)．

有幽默感，勇敢、甘愿冒险，坚持不懈，百折不挠，独立性强，自信，勤奋，进取心强，自我意识发展迅速，一丝不苟。①上述这些与创造力培养密切相关的个性心理特征，常被人称为创造个性或创造人格。在创造活动中，“创造个性通过为创造力的发挥提供心理状态和背景情境，通过引发、促进、调节和监控创造力以及与创造力协调配合来发挥作用。”②

文学作为一门“语言艺术”，它除了具有使读者认识生活的作用外，更主要的是诉诸读者以情感，给读者以精神的滋养。儿童文学虽是文学的一个特殊分支，但也具备了文学作品的共性。它是专门为满足儿童的精神需求，为把儿童培养成健康的人而存在的，它对儿童创造人格的培养主要体现在以下几个方面：

首先，儿童文学能丰富儿童的情感，培养儿童的幽默感。儿童的感情是最容易受到感染的，所以对儿童成功的培养总是以激发他们的真情实感为基础的。儿童的感情又很脆弱、敏感，他们特别需要感情的呵护和慰藉。在日常生活中，儿童除了从成人那里和小伙伴那里寻求温暖和同情外，还会从文艺作品中寻求消遣和快乐。文学作品的感染力可以给孩子以心灵的抚慰，使他们的感情更丰富、更充实，以抵抗现实生活中的孤独、苦恼与不幸。另外，儿童的思维方式是一种“自我中心的思维”。这种思维的基本特征是主客体不分，它常常使得儿童在认识客观世界时，会与真实的客观世界产生程度不等的错位和反差，于是童心就成了产生幽默的温床。优秀的儿童文学作品总是善于以幽默、细腻的笔调来展示人与人、人与世界之间的诗意之美，从而给儿童以强烈的情感体验。如瑞典著名女作家林格伦的童话《住在屋顶上的小飞人》，写的是住在屋顶上的小飞人卡尔松与斯万特松家的小儿子——小家伙相交往的有趣故事。小家伙是个自我感觉很孤独的普通小男孩，他的爸爸、妈妈、哥哥、姐姐都很忙，大家都有自己的事，家里人既没时间陪他玩，也没人注意到他的感受。于是小飞人卡尔松出现了。小飞人充实了小家伙孤寂的生活，为小家伙带来了无尽的快乐，如小飞人想得到别人的关心而假装发烧，小家伙就得假扮他的亲妈，拿出自己所有的钱给他买糖吃；小飞人为了玩假扮鬼的游戏，就在小家伙的被单上剪了两个窟窿，再把被单蒙在身上来假装鬼，谁想到这个假鬼竟

①董奇．儿童创造力发展心理［M］．杭州：浙江教育出版社，1993：199．
②同上．

真的吓走了来偷东西的真小偷等。作品中对于两个小伙伴纯真友谊的描写，对于小家伙渴求亲情、友情的描写，既给予现实生活中缺少情感交流的孩子们一种情感的补偿，使他们体验到了人与人之间的美好情愫，同时又暗示成年人，应重视儿童的情感需求。而且在童话中，小飞人的出现又使得童话在现实社会正常生活环境的背景中注入了非现实的因子。这种真中有幻、真与幻奇妙糅合的方式，使得童话的幻想进入了一个自由、开放、无拘无束的天地，也正是在这现实与幻想的错位中，才产生了那些无以言表的幽默。再如我国作家车培晶的新作《瘦狼和胖狼》，作品用对比的手法塑造了天真、善良的瘦狼和自私、计较的胖狼这两个童话形象。纯朴、诚实的瘦狼虽被胖狼摘去了五脏六腑，骗去了狼皮，但由于人们同情它、信任它，纷纷将棉衣、棉毯披到它身上。一位好心肠的老奶奶还收养了它，为它织了一件像绵羊的皮毛一样的毛衣，老奶奶的儿子甚至为它安装了一套电脑内脏。而胖狼则由于太计较个人的得失，不仅吃不到东西，还被腌成了辣椒狼，吃尽了苦头。童话中既有善意的嘲讽，又有温暖的爱意；既透露出轻松、自然的幽默风格，又表达了作者希冀人与动物和平相处的良善意愿。另外，像英国作家卡罗尔的《爱丽丝漫游奇境记》、巴里的《彼得·潘》、米尔恩的《小熊温尼·菩》、特莱维丝的《玛丽·波平丝》、意大利作家罗大里的《假话国历险记》《洋葱头历险记》；美国作家鲍姆的《绿野仙踪》等，都是这方面比较有代表性的作品。情感的熏陶、幽默感的培养是优秀儿童文学作品奉献给儿童的美味佳肴，而情感充沛、富有幽默感正是创造型儿童应具备的品格。

其次，儿童文学在树立儿童的自信心，培养儿童的自我意识，培养儿童敢于冒险、勇于进取的品格方面有着积极的作用。自信心强，有进取心和自我意识，甘愿冒险本是创造型儿童应具有的独特人格特征，但长期以来，由于受传统文化的影响，我国的教育方式往往是采取整齐划一的方法去教育儿童，用统一的标准去规范儿童，这在一定程度上就造成了儿童个体发展的单一性和不协调性，不利于儿童自信心和自我意识的建立，久而久之，就会使儿童形成循规蹈矩的思维模式，最终导致儿童的从众心理，而从众性正是儿童创造力培养的大敌。当前，我国虽正大力提倡创新教育，这对扶植儿童的个性无疑是一个福音，但我们又应清楚地看到，在现行的教育体制下，在相当长的一段时间里，我们的学校仍可能会采取统一的管理模式，会用统一的标准去束缚学生，可创造型儿童的培养已是迫在眉睫的事情，怎么办？我想，儿童文学会起到一个比较积极的补充和促进作用。儿童文学作为儿童认识世界的另一扇窗口，会弥补某些对儿童创造人格培养不利的缺憾。如林格伦的童话作品《长袜子皮皮》就塑造了一个聪明淘气，力大无穷，时常会搞些恶作剧的九岁小孤女——皮皮的童话形象。她独立自信，敢于冒险，自我意识极强。她会在地板上和面做饼干；清洗厨房地板时，她是把两个板刷扎在自己的光脚下面，然后在地板上像溜冰一样擦来擦去；当看见五个小男孩欺负一个小男孩时，她会非常仗义地去教训一下那几个臭小子；当"摩天楼"着火，两个小男孩被困顶楼，而消防队员又束手无策时，又是她使小男孩化险为夷。总之，她的独立自信，她的个性十足，她的勇敢冒险，处处都显示出这是一个被压抑着的、最狂野的儿童幻想的化身。这个童话形象使得现实中的孩子们被压抑的欲望得到了宣泄，正如瑞典著名心理学家乌拉 尤克薇丝所说："关于皮皮的故事，我的理解是作为一种释放。"①感受着皮皮的自信、自立、自强、勇敢和冒险精神，生活中的儿童也会被激动着、鼓舞着。而我国作家李国伟的少年小说《连环大追捕》是这样设计的：作品每到一个关键处，就像来到一个三岔路口一样，作者为小读者设置了一个乃至数个不同的选择，小读者需要开动脑筋做出自己的判断和选择，而选择不同则结局不同。小读者这时也像局内人一样能参与到小说的情节中去，与书中人物一起冒险，而不是只以旁观者的身份欣赏他人的历险。这就使得在现实生活中喜欢冒险，但又很少有机会亲历的儿童过了一把瘾，满足了他们精神上的需求。这既锻炼了孩子们敢于冒险的精神，又可以增强他们的自信心和自我意识。类似的作品还有：美国作家罗夫汀的《兽医多立德的冒险故事》、法国作家圣·埃克苏佩里的《小王子》、英国作家斯蒂文森的《宝岛》、美国作家马克·吐温的《哈克贝里·芬历险记》《汤姆·索亚历险记》等。长时间浸染在这样优秀的作品中，现实中的儿童的自信心、自我意识、勇于进取等个性品质就会受到一种积极的暗示，从而使儿童的这些个性特征得到启发、

①韦苇．外国童话史[M]．南京：江苏少年儿童出版社，1991：355．

培养和加强。

再次，儿童文学还能引起儿童浓厚的认知兴趣，从而引导儿童认识世界，走向未来。认知心理学认为，“当个体原有的认知结构与来自外界环境中的新奇对象之间有适度的不一致时，个体就会出现‘惊讶’‘疑问’‘迷惑’和‘矛盾’，从而激发个体去探究。[①]”儿童由于受知识所限、眼界所囿，对外面的世界知之甚少，这也就意味着儿童在经验和阅历方面不如成人老成持重，心智清醒，而这恰恰就成了儿童认知的动力，儿童因为无知或认知有限而进一步增强了去探知的兴趣。儿童文学能以其生动的形象、有趣的情节、活泼的笔法，把小读者引进那个他们欲探知的世界，从而激发他们的好奇心和求知欲，鼓舞他们浓厚的认知兴趣。比如，瑞典著名女作家拉格洛芙的童话《骑鹅旅行记》就在讲述童话故事的同时，又融进了许多有关瑞典的地理概貌、神话传说、文化古迹、工农业生产等知识。随着尼尔斯与大雁群的足迹所至，我们了解到了斯康纳省的地貌平坦得像一块平铺的“方格子布”；瑟姆兰省的地貌则“似乎是把一个大湖、一条大河、一座大森林和一座大山统统剁成碎块，然后再拌一拌，就这么乱七八糟地摊在地上。”[②]座落在斯康纳省的库拉山以其陡壁峭崖的奇异伟岸而著称；分布在布莱金厄省的罗纳比河则以两岸的旖旎风光而闻名。此外，我们还了解到了一些有关瑞典古老建筑物的知识、人类在不同的时代不同的生火煮东西的方法，以及古代的床和床架的知识等。这样，不仅使瑞典的儿童可以从这个美妙的窗口了解自己的祖国，增长知识，而且世界各国的儿童也可以从中了解这个他们一时还无法亲历的美丽国度。未知的世界展现在具有强烈好奇心和求知欲的小读者面前，就能大大激起小读者观察世界、认识世界的兴趣，而兴趣则是孩子学习最好的老师。这种兴趣可以促使儿童积极地去探索新事物、新世界，培养儿童观察世界、认识世界的新方法。像这样的儿童文学作品还有：法国作家儒勒·凡尔纳的《八十天环游地球》、英国作家威尔斯的《隐身人》、美国作家罗·多尔的《五张金券》、加拿大作家西顿的《狼王洛波》等。通过阅读这些儿童文学作品，儿童开阔了眼界，丰富了认知结构，并逐步形成了观察世界的方法。而足够的知识储备，正是将来进行创造的必要保障。

---

①董奇．儿童创造力发展心理 [M]．杭州：浙江教育出版社，1993：77.
②拉格洛芙．骑鹅旅行记 [M]．杭州：浙江少年儿童出版社，2001：145.

最后，儿童文学在培养儿童勇于克服困难的精神和坚持不懈、百折不挠的毅力方面也会起到积极的作用。知难而上，具有不屈不挠的顽强毅力是使创造型儿童能够持之以恒地把注意力集中在某个问题上，面临困境，不退缩、锲而不舍地思考和探索的重要保证。一些优秀的儿童文学作品可以鼓励和发展儿童的这些可贵品质。如，力倡“儿童文学承担着塑造未来民族性格的天职”的儿童文学作家曹文轩写就的“成长小说”《古堡》中，就塑造了两个逆流而上、经受住了生活摔打的“小小男子汉”形象。传说中的高山上的古堡对两个孩子有着强烈的诱惑力量，当他们长到 14 岁的时候，他们历尽艰辛地爬上山顶去看个究竟，尽管现实的景象使他们大失所望，但毕竟他们的举动破除了一个古老的神话，“他和他是这个世界上第一个知道山顶上没有古堡的人！[①]”作者对小说主人公的开拓、进取、勇于搏击生活等阳刚气质的热情描写，对他们坚忍不拔、不畏艰难的顽强精神的歌赞，无疑对于克服我们民族未来一代精神性格中的柔弱、驯良、中庸、人云亦云、得过且过等某些特质有着重要意义。同系列的小说还有曹文轩的《弓》和《根鸟》、陈丽的《遥遥黄河源》、夏有志的《从山野吹来的风》、刘健屏的《我要我的雕刻刀》、李建树的《蓝军越过防线》等。体悟着作品中的同龄人在成长过程中的憧憬、烦恼、困惑、挫折，甚至于苦难，感受着作品中美的力量、情感的力量和智慧的力量，现实中的孩子必然会受到心灵的震撼。

文学对于人的影响是长期的、非功利的，而儿童时期的阅读可能对人的一生都会产生影响。也许儿童文学对儿童创造人格的影响远非我上面所分析的那样简单，儿童的创造人格也并非只有靠儿童文学的滋养来实现，但儿童文学作为儿童成长过程中的精神养料，对培养儿童的创造人格会有着积极的影响，这是毋庸置疑的。既然如此，那么作为家长和老师，我们就有责任为儿童推荐和提供优秀的儿童文学作品，让儿童经常沐浴着儿童文学的阳光，让儿童在潜移默化中怡养性情，培养个性，使之成为具有创造素质的人。一句话，在人们已经意识到儿童创造力培养的重要性的今天，在人们正在为如何培养儿童的创造力孜孜以求的时候，别忘了儿童文学始终应是我们不变的选择。儿童文学在培养儿童的创造人格，进而培养儿童的创造力方面的作用不容低估。

①关福坤等．20 世纪世界儿童文学名著精粹（儿童小说卷）[Z]．长沙：湖南少年儿童出版社，1992：62.

核心素养下儿童诗教学有效策略的思考

若诗歌是想象力的艺术，儿童诗就是装载孩子童真的容器。在儿童诗歌的世界里，三三两两的诗句放飞了许多彩色的童年梦想，让孩子纯洁的灵魂有所栖息，得以愉悦。儿童诗歌对孩子心灵成长的重要性不言而喻，可惜一直以来却得不到重视。而今，核心素养导向下的课程教育越来越重视儿童诗歌的教学，童诗校本课程正走进校园，掀起一阵阵“放飞童真”的浪潮。基于此，本文对童诗教学中常见的问题进行分析，并对有效策略做一些思考。

一、儿童诗教学研究的必要性

儿童诗是一种面向儿童的、符合儿童心理发展和年龄特征的文学体裁，童诗的语言简洁生动，想象大胆奇妙，情感纯真饱满，在形象与情感的融合中构成了生机盎然的意境美，韵脚与节奏的错落有致也具有较强的音律美，是一种学生喜闻乐见的文化，对培养学生的核心素养有较明显的作用。开展儿童诗教学完全符合《中国学生发展核心素养》中指出的“以培养全面发展的人为核心，包括人文积淀、人文情怀和审美情趣”。孔子说《诗经》时认为“诗可以兴”，说明学习诗歌对人的心灵成长有浸润的作用，能够完善人格，提升人文素养。开展儿童诗教学研究，是培养学生审美情操、启迪心智的必经之路。

二、儿童诗教学中常见的问题

（一）教学缺乏生成性

在语文教学的领域中，有许多的名师，能够在他们熟悉的讲台上侃侃而谈，在课前充分地备课，不管是孩子的朗读还是想象，都能预设并在脑海中形成相应的综合应对方式，过硬的教学能力带来的惯性使他们能对课堂实现精细的掌控，在教学中引导学生按部就班地按照自己的思维完成一堂“别开生面”的课。这并非说预设性课堂不好，只是具有一定的局限性，尤其是在儿童诗的教学中，预设性教学极大程度上限制了孩子的思维扩散。

儿童诗歌的教学是一门艺术的教学，是比传授知识更高级的、提升孩子语文素养的教学，它的课堂不仅需要预设性的教学去整体把握课堂脉络，更需要有生成性的教学去激发学生开拓思维，实现实质性的师生交流①。儿童诗歌的教学不只是赏析和品味的过程，还理应有创作的过程，这个创作的过程就是孩子们放飞自己想象力的开始，充满童真童趣的想象力如何能被预设到？课堂上当一个孩子的想象力被激活以后，怎么引导“一个带动一群”？例如，在教学《我与太阳公公比早起》时，要引导学生以此模仿创作，有个孩子忽然提问：“老师，太阳是我的小伙伴，每天跟着我上学，我去哪里他就去哪里，为什么要叫他公公？”孩子的天马行空本身就很难预料，此时你是向他解释“为什么叫他太阳公公”然后按部就班地教学还是鼓励他基于自己的想法再创作？如果是后者，可能越来越多孩子会加入进来讨论，从思考“怎么和太阳比赛早起”变成讨论“太阳还是我的什么人”“我们是如何相处的”等等，课堂很可能会脱离原本预设的轨道。不过在这个过程中，孩子的思维就从被动模仿转移到主动探究上了。到了后来，有个孩子写了这么几句：

清晨
我才睁开眼
飞快地跑到窗前
拉开窗帘

①茅琳．核心素养导向下的儿童诗表达的生成性教学研究 [J]. 名师在线 ,2020(25):68-69.

太阳跳了进来！

他怎么又比我快了一步！

这种预设以外的诗并不比机械模仿的诗歌要逊色，一个“跳”和感叹号就把小诗人与太阳之间比赛的互动写得活灵活现，真如他所说，太阳就是他的小伙伴。教师不如顺水推舟，抓住一个“跳”字大做文章，这既给了孩子极大的信心与鼓励，又能在课堂上再次掀起一阵想象狂潮。在儿童诗教学当中，教师应当找到恰当的思维突破点，突破预设性教学带来的局限性，让课堂“野蛮生长”。

（二）教学流于形式性

在过去长达几十年的教学当中，儿童诗的教学一直不受重视。从体裁来讲，儿童诗的语言活泼，视角独特，正是最适合让孩子体会美好情感、提升素养的文学作品，但是却在过去普遍没有受到教师的重视——在“分数至上”的那些年，人们更愿意把时间花在钻研阅读类教学当中。这就注定了教师对儿童诗的教学存在着片面性，把儿童诗教学与阅读类教学混为一谈，或是误以为教材编入儿童诗的目的是为了进行理解训练，所以儿童诗的教学变成了教师对儿童诗细致讲解的“一言堂”[①]，教师引导孩子逐句分析理解，并要求会背、会默，但是诗歌的意蕴并非简单的意象相加组成，要从整体去品悟，若是让理解代替了品悟，会极大损伤儿童诗的童真性与情感性，有时甚至一堂课下来孩子对诗歌内容都不明所以。同时，在孩子模仿创作的阶段也容易陷入误区，孩子放飞想象的自由创作被误以为是优雅的“文艺创作”，教师要求学生要立意新颖，语言生动等，这一来既脱离了孩子当下的学习水平，又背离了学习儿童诗的初心，让孩子对儿童诗产生了畏惧心理，甚至失去了学习的兴趣。

（三）教学缺乏儿童视角

在儿童诗的教学中，还存在着一种现象：教师本身常常以成人的视角去看待事物，备课中无法从儿童的视角去感同身受，严重低估了儿童的感

①蒋丹．浅谈低年级儿童诗教学中的问题与对策［J］．新课程（小学），2018(10):55.

受力与想象力，甚至会盲目认为自己经验丰富，把自认为正确的意愿灌输到课堂之中，富于变化的诗歌朗读节奏到了课堂上只剩唯一的标准，原本应该极具奇妙色彩的比喻也很难有所变化，“弯弯的月亮像小船、圆滚滚的肚皮像西瓜、黑溜溜的眼睛像珍珠……”儿童的创造性思维已经在传授知识的过程中被束缚住了，久而久之，我们只能反复在试卷中见到“太阳像个火球”这样的比喻。

在课堂之中，老师只是一个调色家，但不是主宰一切的绘画家，我们可以跟孩子说画苹果、画天空，但不能跟孩子说苹果必须是红色，天空必须是蓝色，正所谓作者未必然，读者未必不然。在提出发散孩子创造性思维写诗这一方面，著名诗人史京和王宜振的见解十分独到，他们既能创作出优秀的童诗，又能引导学生创造出令人耳目一新的童诗，这本身与他们自己总是以童真的视角去看待世界是分不开的。

同时，史京还提到一个点，当我们站在儿童视角观看这个世界时，比孩子更多了一些全局的大空间观察能力①。例如，“空中的落叶像舞蝶，水里的落叶像小鱼”“天倒过来就是海”“太阳是上帝的第三只眼睛”“圆滚滚的肚皮像爷爷的麻袋里装了许多大西瓜”等。大家都能想象到“彩虹就像一道桥”，但不一定能想象到彩虹像伞，《彩虹伞》里“彩虹就像一把大伞 / 它一撑开 / 就把大雨挡回天上了”，这是一种基于整体、全局的观察和童趣的想象。著名诗人金波也在《星星和鲜花》中向我们展现了这种奇妙的儿童视角，他把满地的鲜花比作天上的星星。儿童诗之所以打动人心，正是因为富有一定哲理的同时，还保留着这世间最纯真的美好，所以教师在教学儿童诗的过程中，脱离了儿童的视角，从成人视角去讲解，对孩子而言，童诗就会变成一堆枯乏的文字积木。孩子本身就具有灵性，如史京所说，我们要做的就是引导他们培养宏观的大空间观察能力。

（四）儿童诗教学的有效策略

当前，我们处于一个电子传媒蓬勃发展的时代，网络上随时可以搜索到许多优秀的童诗、音频、动画，丰富多样的教学资源为儿童诗教学的发展创造了有利的条件。但王宜振在《我们为什么要开展诗教》中也强调了，

①史京．小学童诗教学的创新思维 [J]．小学语文教师，2016(Z1):32–34.

影像在一定程度上可以激发孩子的想象力，促进孩子对抽象文字的理解，但是这种图像化的便捷归根结底是让孩子被动接受和感知这个世界，失去自我创造和独立想象的空间，想象力日益固定化、程式化，直至弱化。一直以来，诗歌教学是教学研究的难点，素质教育下，诗教也逐渐成为了一个研究的重点。从儿童诗的体裁出发，它的生成源自多感官的提炼与运用，故而在教学中应调动孩子的感官，注重营造具象性、能动性、情境性、生成性为主的课堂①，本章也将基于此提出几点有效的教学策略。

（五）关注聆听的先导作用

聆听是以听觉作用于人感官上的一种存在，是拉近学生心灵与文本距离最快的方式。从这个层面上讲，我们在教学中应该关注到声音的先行性。通常情况下，播放音频是在正式学习诗歌之前，多数孩子们尚在自己的世界中沉迷，如果在合适的情景中导入音频，能够第一时间抓住学生的注意力，激发学生的学习兴趣。同时，聆听，让学生对诗歌文本的基调有初步的认识，感受诗歌独特的魅力，为后续的深入交流探讨奠定基础。

聆听的先导作用普遍适用于每一类儿童诗歌，在特定的诗歌中，更是能唤醒学生联结本文与现实的想象。以部编版三年级上册《听听，秋的声音》为例：

听听，秋的声音，
大树抖抖手臂，
“刷刷”，
是黄叶道别的声音。
听听，秋的声音，
蟋蟀振动着翅膀，
“㘗㘗”，
是和阳台告别的歌韵。
…… ……

①陈婷，邓苑如．多感官教学法在儿童诗教学中的运用[J]．文学教育（上）,2019(11):82-83.

全诗用具体可感的拟声词记录下秋天的声音，有大雁、昆虫鸣唱的可闻的声音，也有稻田丰收的可心领神会而不可闻的声音，把秋天的恬静、优雅、喜悦的美用一种新奇的角度展现出来，让孩子们知道原来景物的美可以从声音中捕捉。教师在授课前播放不同的秋天声音的音频，诗歌与学生自身生活经验产生重叠，从而引发学生心灵的共鸣。

（六）诗意朗读诱发情感波澜

不管是古诗、现代诗还是儿童诗，朗读必定是课堂教学的重要组成部分。尤其是儿童诗，用词精准锤炼，韵脚变化错落有致，朗读是展现其诗歌独特意蕴的外在表现形式。诗人金波就格外重视童诗的诵读，他认为读诗能够让孩子享受语言美与韵律美，并采用齐读、吟诵、诵读、演诵等多样的形式来培养学生鉴赏美的能力。

从理论的角度来看，一方面，朗读能够充分调动学生的视觉、听觉、触觉等感官，并在往复回环的朗读中深化理解，强化记忆，正如蒋军晶老师所说："琅琅读书是一种全身运动，目视其文、口发其音、耳充其因、意会其理、心通其情。"另一方面，朗读还可以提高学生的参与感。朗读是孩子们接触诗歌最直接的方式，齐读、男女配合读、诵读、演读等，多种形式的朗读能够营造出学习童诗的氛围，令学生爱上诗歌的音律美，并从中获得自我肯定与成就感。

不同的诗歌应该选择不同的朗读形式。朗读的方式既不能单一不变，也不能泛滥，最好是能有针对性地选择朗读方式，例如基调高昂的诗歌可以选择齐读或者配乐读，轻快的诗歌可以男女搭配读或者对话读，在此只是简单举例，具体选择朗诵的形式需要结合具体的诗境与诗情，选择正确朗读的形式有助于加深学生对文本的理解，引发内心情感的波澜。

除此之外，诗歌的朗读还要尊重学生的个性特点和个体差异。如在上文教学现状问题中提到，经验不足的老师会把自己的理解直接强加在孩子身上，按自己的习惯指导学生的朗读，即让朗读模式化。《义务教育语文课程标准（2011 年版）》指出：阅读是学生的个性化行为，要珍视学生独特的感受和体验。读书就是品书的过程，让孩子自己品出诗中的味道。例如教学顾城的诗歌《安慰》：

青青的野葡萄，
淡黄的小月亮，
妈妈发愁了：
怎么做果酱？
我说：
别加糖，
在早晨的篱笆上，
有一枚甜甜的，
红太阳。

这是诗人顾城笔下富有新生与希望的童诗，以纯净的儿童视角看待成人世界柴米油盐的烦恼，孩子们对于这种生活中与长辈相处的常态可以拥有自己的理解，并在自己的理解上通过朗读表达出属于自己的灵性。在童诗教学过程中，教师与其强调哪里该重读、轻读、快读、慢读，倒不如认真倾听孩子们的朗读，引导孩子们结合自己的生活经验去品读诗歌，读出自己的感受，教师在倾听之余给予孩子们适当的评价与鼓励，使其入境入情，陶醉其中，享受诗歌朗读的快乐。

（七）通感启迪想象翅膀

在儿童诗的世界里，窥不见气势磅礴的黄河，探不着绵延万里的长城，也没有险峻巍峨的华山，所有天马行空的想象，所有契合心灵的意象，大多是生活中随处可见的景物。一缕阳光、一只蜻蜓、一阵微风、一片落叶，在孩子的眼中散发着迷人的色彩。他们生活场景虽然单一，但是精神却不单薄，教师在教学过程中，要注重调动孩子的五感，去听、去看、去摸、去闻、去尝自己感兴趣的事物，拉近孩子与大自然的距离，尽情放飞自己的想象，在自己的脑海中构建出一个诗意盎然的空间。

拿一片落叶来说，看它满身霜黄，在孩子的眼里那可能是夕阳给它披上的衣裳；听它从树上飘落，在孩子的耳朵里那可能是跟大树妈妈告别的声音；闻它清淡的香味，在孩子的嗅觉里那可能是长大离开树妈妈后成熟的味道；摸它光滑的外表，在孩子的手掌里冰冰凉凉的，这是孩子与落叶之间亲密的击掌；再尝一尝它的苦涩，许是因为离开了家，心有不舍。一花一木一世界，在活泼浪漫的孩童眼里，一切都是富有生命力的存在，课堂上教师需要充分调动孩子的感官，唤醒被生活压抑的童趣，发掘他们潜藏在内心的诗意，与大自然产生共鸣，实现移情。

（八）仿写是联结想象与诗情的纽带

在素质教育的改革背景下，人们高举着“培养创新思维”的大旗，那么，要培养学生的创造性思维，还提倡仿写吗?

答案是毋庸置疑的。学生身心的成长是一个循序渐进的过程，学习也是一个梯度上升的过程，仿写是学生进行儿童诗创作必须搭建的梯子，是一个学习表达的必经之路，如果空有一闪而过的思维火花，却无法自如运用语言文字将它留下，那也只能是昙花一现。在教学当中，教师应该为孩子的创作学习搭建支架。再以《听听，秋的声音》为例，这对中低段的学生来说就是一个很适合开拓学生思维，进行童诗创作的支架。学生在熟知这首诗歌的基础上，获得一个童诗的支架，秋天里除了诗人所描写的声音，还听到过什么声音？会不会再模仿本诗写一写《闻闻，秋的味道》呢？诸如此类的仿写方向可以延伸出很多，但不管如何仿写，我们的最终目的都是要引导孩子学会感受、观察、理解这个世界，暂时脱离尘世的烦扰，感受世界馈赠的真、善、美。

儿童诗是一个表达美好情感的方式，学习与创作儿童诗能够激活孩子内心向阳而生的生命力，提升自身的人文素养。对于儿童诗教学来说，仿写不是终点，如何从知情意行来调动学习创作童诗的兴趣仍然是一个尚未钻透的难题。核心素养导向下，教师应该立足于学生个性发展的特点，积极创造教学条件，不断深入研究有效教学策略，推动情感的统一性和生活的实践性相融合。

小学儿童诗教学的价值研究

儿童的思维有具象、直观、发散性强的特点，他们在想象的世界里自由驰骋，他们的表达不加掩饰，却能够直达内心，我们时常感叹："孩子脱口而出的几句童言稚语就是一首质朴却又有富有哲理的诗！"随着年龄的增长，儿童逐渐由天真烂漫的个体融入到集体社会中，在逐渐社会化的过程，他们开始用思辨的方式观察世界，看待问题，他们习得了更多自然科学、人文科学知识，但也用这些规矩限制了想象的世界，使他们慢慢变成一个个"小大人"，丢失了那份可贵的童心童真。

自古以来，诗歌一直是中国文学皇冠上一颗闪耀的明珠。在儿童的世界中，生活中的见、闻、听、感都是那样的妙不可言，他们的头脑中充满奇妙的想象，儿童诗就顺应了孩子的这种心理特征。儿童诗教学在顺应儿童发展天性，培养观察力、感受力和审美情趣等方面有着得天独厚的优势。在小学语文诗歌教学方面，《义务教育语文课程标准（2011 年版）》也作出了指引：诵读儿歌、儿童诗和浅近的古诗，在诵读中展开想象，感受诗歌的语言美，收获独特的情感体验。在小学阶段开展儿童诗教育有着重要的意义。

一、儿童诗的概念

儿童诗的受众特指儿童，以儿童的视角看待万事万物，用儿童的方式与世界对话，符合儿童的身心发展特点及审美情趣，儿童诗的创作者既可以是成人也可以是儿童。儿童诗是诗歌的分支，兼具诗歌艺术凝练，意蕴悠长的诗歌共性的同时，葆有儿童的童真、童心、童趣的个性。

二、儿童诗的特征

儿童诗的语言是纯质的。儿童不用会华丽的辞藻装饰自己的内心世界，不会用迂回婉转的方式掩盖内心的想法。他们的语言直白却往往能够直击心灵。儿童的视角是干净、纯粹的，在自由烂漫、富有想象的孩子们那儿，世间万物与心灵深处有一种天然的联系。在儿童的眼中，一花一草、一片叶一粒沙均是另一个小小的自己。清晨，露珠落在叶子上，在孩子眼中，这小露珠在滑滑梯，是多么快乐的一件事!

儿童诗的想象是奇妙的。儿童诗之所以这么迷人，不仅深受儿童的喜爱，还吸引了一大批成人读者，就在于儿童诗中丰富且奇妙的想象，想象让儿童在现实世界与心灵深处搭建了一座桥梁，想象在儿童诗的世界里无限外延。在儿童诗里：

柠檬是个调皮的孩子，
最爱看人们做鬼脸。
天黑了，
小雨滴开始了环球旅行。

这些独特的、打破常规的想象成就了儿童诗独有的吸引力。

儿童诗的情感是真挚的。孩童时代，沙子可以玩出千万种花样，雨中踩水是多么的欢乐，路边的小花是陪伴我们的小伙伴，儿童与自然之间有着亲密的联系。渐渐的，点滴、细微的美好被学习、生活的忙碌所侵扰，充斥了压力、矛盾冲突，渐渐遮盖了这双发现美、感受美的眼睛。儿童诗则能够唤起童心，给儿童心灵上的慰藉。

三、儿童诗教学现状

（一）方兴未艾

近年来，在雪野、王立春等诗人的带领下，在全国各地掀起一股儿童诗热潮，越来越多的教师投入到儿童诗的教学与研究中来，越来越多的学校开设儿童诗诗社，学生接触儿童诗，创作儿童诗并且热爱儿童诗，涌现了一批小诗人，创作了不少佳作，整体而言，在小学阶段，儿童诗教学朝着好的方向发展，但也存在较大的区域发展差异。

（二）成人视角解读儿童诗

小学语文教材中编排有儿童诗的内容，教师用成人视角来看待儿童诗，没能较好地把握儿童诗的内涵，在指导学生欣赏和创作儿童诗的过程中反而适得其反，强化方法，注重仿写，缺少诗意，也丢失了儿童诗的童真童趣。教师必须要走进儿童的内容，了解他们的喜怒哀乐，感知他们的所感所想，才能更好地指导儿童诗教学。

（三）教师缺少专业培训

老师们普遍没有接受过专业的儿童诗写作教学培训，在教学的过程中，多是凭着以往的教学经验来开展，指导学生进行儿童诗创造也仅在小范围内开展，老师们即使对这方面的内容感兴趣，也只能在摸索中前行。缺少专业的支持也使得儿童诗教学的开展难以长期坚持下去。

四、儿童诗的教学价值

（一）顺应天性，激发诗趣

儿童诗的题材多是浅显易懂的生活题材，能够较好地引起儿童的共鸣。在读儿童诗的过程中，儿童能够自然而然把自己的感受融入到诗中，创造一个属于自己的小世界，并从中收获乐趣，自发产生欣赏、朗诵、创作儿童诗的兴趣。

（二）激发想象，启迪创造

儿童诗具有具象化、发散性、跳跃性的特点。阅读儿童诗就是在与儿童对话，这有助于激发想象，训练思维，并且保持一颗真挚的童心。如诗人林焕彰的儿童诗作《妹妹的红雨鞋》：

妹妹的红雨鞋
是新买的
下雨天
她最喜欢穿着
到屋外去游戏
我喜欢躲在屋子里
隔着玻璃船看它们
游来游去
像鱼缸里的一对
红金鱼。

儿童诗中独特的观察视角，绝妙的联想能拓宽儿童的思维方式，创作这样的儿童诗可以激发儿童的想象力和创造力，打破惯性思维的束缚，提高语言的敏感性。儿童诗教学课堂中，我在黑板上写一个“冷”字，让孩子说说自己想到了什么，要想别人想不到的。有孩子这样说道：

“掀开被子
起床
脚碰地的瞬间
来到了南极。”

还有孩子这样写道：

“发试卷啦
拿到试卷的时刻
真冷呀！”

儿童的想象力和创作力就在儿童诗教学的过程得到开发。

（三）培养观察力，提高感受力

文学创作源于生活，儿童诗亦是如此。写好儿童诗，就要调动多个感官，用眼睛观察，用耳朵聆听，用鼻子细嗅，用身体感受，用心想象，让自己与世界融为一体，细细地观察，天马行空地进行想象。欣赏儿童诗的过程，教师并不用刻意强调其中的写作技法，儿童在诵读、积累的过程中会自然而然地迁移运用，创作出自己的诗作。一首好诗的形成并非一蹴而就，在儿童诗教学过程中，教师指导学生修改、打磨诗作，经常仔细琢磨，反复推敲，儿童的语言表达、语言敏感度也会得到提升。

（四）浸润心灵，提高审美情趣

对于大部分儿童而言，习作是件令人头疼的事情，要不就生搬硬凑，要不就是用平淡的文字堆砌出流水账。儿童诗贵在儿童真诚的表达，不拘泥于形式，想象不受限，表达不受限，开心可以表达，愤怒、委屈也可以自由地抒发，儿童可以展开想象的翅膀，自由地翱翔。从儿童诗中，我们可以直接感受到儿童的喜怒哀乐，有诗歌陪伴，孩子多了一个心灵对话的通道，感受这种鲜活的文字表达方式，欣赏经典儿童诗真善美也在浸润他们的心灵。儿童在创造儿童诗的过程中表现内心最真实的感受，对他们情绪情感的感受更敏感，他们也将更加向往美好。

五、儿童诗教学策略研究

（一）赏童诗，日积月累

儿童诗意的培养要从欣赏积累开始。学生接触到的儿童诗要题材丰富，形式多样。在教学过程中，一开始可以是老师为学生推荐优秀的儿童诗作，待学生对儿童诗有一定的了解，有一定的审美情趣后，可以请学生轮流推荐优质儿童诗，在共享中提升鉴赏能力。

（二）诵童诗，领悟诗情

儿童诗富有节奏感，具有独特音韵美，教师要教会学生读准、读好儿童诗的节奏，读出儿童诗的韵律美，激发儿童的学习兴趣。感悟是朗诵的前提，在朗诵前，教师要带领学生走进儿童诗，展开想象，让学生找到与儿童诗的共鸣。学生的理解存在个体差异，朗诵的方式不是千篇一律，教学过程中，可让学生带着理解朗诵，再由同学进行评价，你从同学的朗读中感受到什么。老师在践行朗诵方法指导的同时，也要尊重学生独特且宝贵的个体体验。

（三）品童诗，指导创作

在学生阅读积累、诵读儿童诗的基础上，学生对儿童诗已有了初步的认识，这时教师可同步开展儿童诗创作教学，儿童诗创作的第一步重在鼓励学生大胆想象，迸发思维的闪光点。可以采用联想法，如课堂中，我看到教室地板上有一块纸团，于是我便问学生："地上有一块纸团，你们联想到了什么，如果你认为同学的回答出乎意料，是你没想到的，就给这位同学鼓掌。"小纸团引起了学生间思维的碰撞，感性的孩子想到"孤单""可怜"，贪玩的孩子想到了"冒险"，最让人意外的是有个孩子说到了"美好"，成功地引起了全班的好奇，于是我请这个孩子用儿童诗的语言把他的所感所想写下来，于是就有这样一首作品《地上的纸团》：

每天晚上
主人都很不开心
就把小纸团扔到地上
我觉得他很可怜
可他却那么想

他想
主人把烦恼包在他身上
主人就能好好睡一觉了
多好的纸团呀！

多好的一首小诗呀！不用老师多言，分享出来后，同学们说："从诗中感受到淡淡的忧伤。"

此外，还可以品析儿童诗并从中提炼出方法，如一起赏读沙白的《秋》：

湖面上
荡着红叶一片
上面坐着秋天。

和学生一起分析这首诗的精妙之处，学生能够发现诗中"坐"这一动词用得十分精彩，随后出示风吹稻田、橘子挂满枝头等画面，请学生用儿童诗的语言以动词说说自己看到的画面，随后再分析哪位同学的用词最为精妙。通过类似的儿童诗创作提高学生的语言敏感度，在指导修改儿童诗的过程中使得学生创作的语言更凝练。

（四）展示佳作，鼓励创作

儿童诗创作不是一朝一夕的事情，需要坚持和积累，在教学过程中，并不是所有的孩子都能够在短时间内写出好诗，好的儿童诗作品也需要经过打磨，教师使用积极向上的评价语言，指导学生修改诗作，多展示学生创作的作品，制作班级原创诗集等方式能够在很大程度上持续激发学生的创作热情，让学生收获成就感，享受儿童诗创作所带来的快乐。

结　语

儿童是天生的诗人，他们用大胆且独特的想象，表达内心的感受，带来了充满诗意的世界。同时，儿童诗中所传达的真、善、美也在浸润着他们的心灵，陪伴着儿童的成长。现在，越来越多的教学工作者加入到对儿童诗教学的研究中来，儿童诗教学也必将走向体系化、专业化，期待儿童诗教学绽放异彩的一天，让儿童诗陪伴每一位孩子成长。

基于内容分析法的小学生儿童诗写作研究

儿童诗是为儿童创作的诗，以美妙韵律和精炼语言抒写儿童心声，与儿童的理解水平、接受能力和心理特点相适应，[①]有助于培养儿童的人文情怀和健康的审美情趣。[②]《义务教育语文课程标准（2011 年版）》指出，要引领学生诵读诗歌，展开想象，获得情感体验，感受语言之美。

近年来，儿童诗的研究蓬勃发展。但是，很少有学者运用量化分析的方式来进行儿童诗教学研究。因此，本文希望通过量化分析儿童诗创作中的高频词及其社会语义与情感态度，揭示当前儿童诗写作的状况，并为儿童诗写作教学提供参考。

一、研究过程

（一）研究方法

内容分析法指对各种材料、记录的内容、形式、心理含义及其重要性进行客观、系统和数量化描述的研究方法。[③]本文整理 2018 年至 2020 年汕头市龙湖区金珠小学小学生所创作的儿童诗作品，运用 ROST CM6 分析小学生创作的儿童诗文本的内容，得到词频、社会语义及作者情感等方面的分析结果，以此分析小学生进行儿童诗创作的现状。

①方卫平，王昆建．儿童文学教程 [M]．北京：北京高等教育出版社，2004：78.
②代利珍．核心素养下儿童诗教学探究 [J]．文学教育（下），2020(02):90-91.
③刘景超．清末民初女子教科书文化传承与创新之研究 [D]．湖南师范大学，2014.

（二）样本处理

本文以 2018 年至 2020 年汕头市龙湖区金珠小学小学生所创作的儿童诗作为样本，删除作者班级、姓名、指导老师等重复性词语，整理得到有效文本共 3.84 万文字，导入 ROST CM6 软件中分别进行词频分析和社会语义分析。

在词频分析前，本文过滤无意义词以提高数据准确性，如“了”“在”等，同时将同义词进行归类，比如“开心”“高兴”和“快乐”，再如“花朵”和“小花”“学校”和“校园”等。

（三）数据分析

1. 高频词分析

提取高频词，按词频从高到低选取 100 个关键词进行标签云分析（图 1），接着将这 100 个关键词按照其词性分为名词、形容词、动词（表 1）。由此得到：名词类高频词最多，以“梦”“祖国”“妈妈”“春天”“太阳”等为主，符合小学生的主要学习生活情境；形容词类高频词主要描述小学生对身边事物的整体认知，以“开心”“美丽”“温暖”等正面词语居多，表明小学生能够积极面对身边事物，但也包含“伤心”“生气”等负面词语，可见小学生的生活不是一帆风顺的；动词类高频词仅占 16%，以“学习”“玩耍”“成长”等词汇为主，反映了小学生的生活需求和特征。

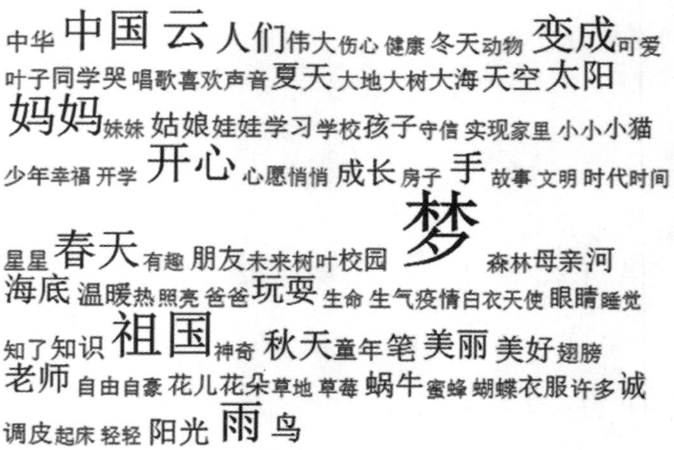

图 1 儿童诗作品高频词标签云

表 1　2018—2020 年汕头市龙湖区金珠小学学生创作儿童诗作品高频词及词频统计表

名词	梦（198）、祖国（106）、云（99）、雨(91)、妈妈(89)、中国（87）、春天（78）、手（61）、人们（56）、太阳（52）、秋天（51）、鸟（50）、老师（47）、海底（47）、阳光（44）、笔（44）、夏天（39）、蜗牛（35）、天空（34）、河（34）、诚（33）、姑娘（32）、孩子（29）、知识（28）、朋友（26）、校园（25）、冬天（25）、大海（25）、娃娃（24）、眼睛（23）、花儿（23）、衣服（22）、小猫（22）、母亲（22）、花朵（22）、中华（20）、童年（20）、同学（20）、知了（19）、心愿（19）、时代（19）、叶子（18）、未来（18）、树叶（18）、森林（18）、自由（17）、疫情（17）、大树（17）、星星（16）、少年（16）、爸爸（16）、学校（15）、声音（15）、蝴蝶（15）、大地（14）、翅膀（14）、时间（13）、家里（13）、房子（13）、守信（12）、生命（12）、草莓（12）、草地（12）、文明（11）、蜜蜂（11）、妹妹（11）、故事（11）、动物（11）、医生（10）
形容词	开心（85）、美丽（47）、美好（32）、温暖（28）、调皮（21）、伟大（20）、生气（19）、热（19）、许多（15）、小（15）、可爱（14）、幸福（13）、悄悄（13）、自豪（12）、伤心（12）、有趣（11）、神奇（11）、轻轻（11）、健康（11）
动词	变成（71）、玩耍（47）、成长（39）、学习（25）、哭（21）、喜欢（18）、唱歌（18）、实现（14）、起床（13）、照亮（11）、睡觉（11）、开学（10）

2. 社会语义网络分析

运用 ROST CM6 软件中的社会网络分析工具 Netdraw 能更加直观地了解小学生进行儿童诗创作的情况（图 2）。“祖国”一词，中心度最高；以“校园”“春天”为主的二级中心词，表明小学生对校园生活和春天有深刻的印象；以“努力”“实现”“成长”等为主的三级中心词反映小学生对自身成长的感知情况；以“花儿”“鸟儿”“蜜蜂”等为主的名词性元素，展现小学生对自然界的关注；而“快乐”“温暖”“美好”等形容性元素则进一步表明了小学生对日常生活的情感体验。综合来看，小学生非常具有爱国情怀，关注身边的事物，能够将自己的日常生活体验通过儿童诗创作表达出来。

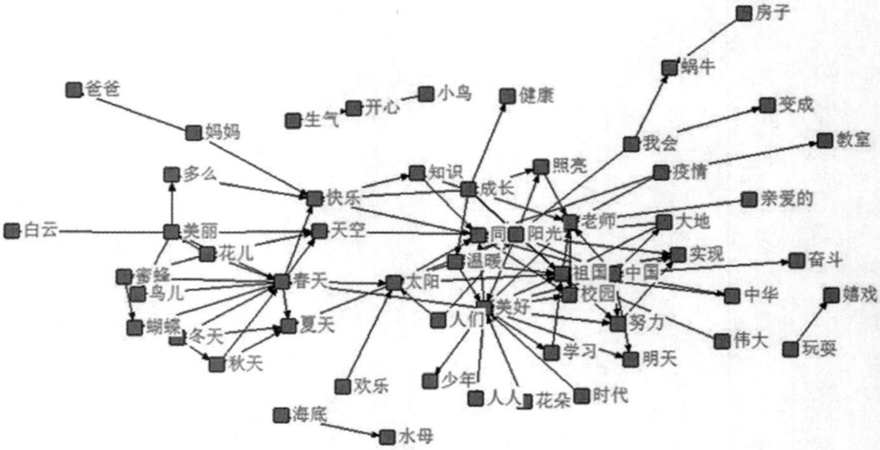

图 2 儿童诗作品的文本语义图

二、研究结论

基于内容挖掘软件和内容分析法，本文通过分析金珠小学的小学生所创作的儿童诗，探究小学生进行儿童诗创作时主要关注的事物、描述的活动和表达的情感，主要得出以下结论：

首先，通过高频词的词频和词性分析，可知小学生关注与自己的生活息息相关的日常事物，比如祖国、妈妈、春天等等对母爱的歌颂和对春天的喜爱，说明大部分小学生具有较强的爱国情怀。其次，统计高频词的词频数，按从高到低排序，可以看出祖国的发展与自身的发展是当前小学生在进行儿童诗创作时的主要灵感来源，契合了小学生当前所接受的教育；在儿童诗创作中，小学生表达了对祖国未来发展的无限期望和对自身发展的不断追求。

三、建议

（一）真实地体验生活：儿童诗写作的出发点

艺术体验来源于生活体验，深度的人生体验和广泛的生活体验是根基。要小学生创作出生动的、有生命的诗句，教师就必须引导他们多视角参与体验活动。除了带领小学生参与视觉、听觉、触觉、味觉等各种感知活动外，还要带领他们进行想象、思考和情感的投入，只有这样，小学生才能形成丰富而深刻的审美体验。[①]除此之外，教师还可以引导小学生关注社会时事和国家大事，把自己对社会现象的理解和感悟通过儿童诗的方式写出来，提高小学生对社会的关注程度。

（二）发挥想象力：儿童诗写作的基础

想象指人加工改造头脑中已有的表象，创造出新形象的心理过程。[②]《义务教育语文课程标准（2011 年版）》指出，发展小学生语言能力同时，发展思维能力，激发想象力和创造潜能。儿童诗的教学中，应激发小学生的想象力，让其创造出更多生动、鲜活的形象，使其想象力和创造力得到充分发展。

在儿童诗的教学中，教师可利用语言、文字、图画等来训练小学生的想象力。比如，利用音乐，引导小学生想象声色俱全的画面；利用绘画，让小学生记录自己的写作灵感；还可以通过手工、雕刻等课外活动来训练小学生的想象力。

（三）来自教师的赏识：儿童诗写作的动力

教师应该以赏识教育为主，[③]特别要耐心指导写作能力较差的小学生。教师应尽量少批改小学生的诗作，尊重小学生的原意，保持小学生自己独特的风格；引导小学生自己修改，让小学生在多次的写作训练中进步；还可通过一些活动来鼓励小学生，比如举办儿童诗朗诵会，创办儿童诗社，展示小学生优秀的儿童诗作品等。对于小学生来说，写作能得到教师的肯

---

①张永昊，周均平. 感应与塑造——语文审美教育论 [M]. 青岛：青岛海洋大学出版社，2001：244.
②王雁. 普通心理学 [M]. 北京：人民教育出版社，2020：138.
③邱怀英. 赏识教育在小学语文习作教学中的运用 [J]. 科学咨询（教育科研），2014（12）：87.

定、赏识甚至展示是很激动人心的事情，如果教师能够运用赏识的力量，持续地、积极地给予小学生能量，那么小学生进行儿童诗写作的动力就会源源不断。

四、结　语

儿童诗写作是小学生写作训练的重要组成部分，儿童诗写作教学也在蓬勃发展着。小学生的儿童诗阅读水平正在提高，在此基础上，教师应该不断提高儿童诗写作教学的水平，不断进行儿童诗写作教育研究，通过实践与理论的相辅相成，达到提高小学生儿童诗鉴赏水平且能够进行儿童诗写作的目的。

教学实践篇

2

2

小学儿童诗教学研究

XIAOXUE ERTONG SHI JIAOXUE YANJIU

让儿童诗在教学中成为真正的“儿童诗”

儿童诗，顾名思义就是属于儿童的诗歌，是符合儿童的心理特征，无论创作者是成人还是儿童，儿童诗的内容应是适合儿童的身心发展与审美情趣的，它能起到激发儿童的情感体验、拓宽儿童的想象空间、丰富儿童的稚言稚语的作用。近几年研究者发现儿童诗对儿童语言的发展起着重要作用，而统编教材低年段收录的儿童诗篇幅也有所增加，语文教材1—4册中的现代儿童诗歌占比是46%，已经接近阅读篇目的一半，这就让儿童诗的教学该何去何从成为大家关注的焦点。有人说：每一个儿童都是潜在的诗人。的确如此，“童言无忌”，越是低年段的儿童越是随心所欲地表达、天马行空地想象，他们无所顾忌，充满童趣。我们需要在实践中充分发挥儿童的感官系统来体味儿童诗，在低年段的教学中让儿童诗成为真正的儿童诗，儿童创作的儿童诗也是真正的儿童诗，返璞归真才能保持着那份本真。

一、换个视角，体验童诗

教材中选取的儿童诗是现代作家、诗人从儿童的角度出发为满足儿童需要编写的，这些儿童诗充分关注儿童的心理特点和审美能力的水平。如一年级上册在“和大人一起读”中出现的儿童诗《小兔子乖乖》。它是孩子们耳熟能详的儿童诗，幼儿时代便接触到的儿童诗，这首儿童诗趣味性、动作性强，孩子们不但能不借助拼音就能流利地、完整地朗读，还能唱成歌。

虽然儿童诗会传达出一定的主题思想，蕴含一定的道理，但它追求美感，每一句末尾都有“开”，显得较为注重排比、押韵手法的使用，富有韵律感和节奏感，朗朗上口。在学习过程中教师不妨充当一位大听众，听听孩子们如何读，与孩子们一起唱，让孩子们自己讲讲这首儿童诗。师生一同配上动作进行角色扮演，师生合作角色朗读，教师通过诗中的韵律、节奏，与孩子们同步生动再现情景，把自己也当成孩子们中的一员，蹲下身与孩子们一同体验童诗，感同身受，极大调动孩子的情感体验，与孩子们同欢乐，感受儿童诗带来的愉悦，也让孩子们从中回味幼儿时期的欢声笑语。

二、立足实践，触摸童诗

真正的儿童诗看得见，摸得着，它符合儿童的内在认知特点与表达需求，儿童的优良品德在言语中得到生发，儿童的生命意识在言语中得到滋养，两者之间架起了一座桥梁，形成一种契合关系，这种关系有利于孩子们具备诗的品质。

听觉上感受儿童诗。儿童诗的押韵让孩子一听便觉得有熟悉感、亲切感。如一年级上册中的《家》：“蓝天是白云的家，树林是小鸟的家……”这首儿童诗虽然是作为辅助学习出现在拼音字母的掌握中，但它的节奏感、韵律感强，对仗工整，适合儿童诵读。教师范读，学生打节奏，通过音韵美来感受诗歌的魅力，多听几遍也就能诵读了，在不知不觉中感悟儿童诗中独特的音乐性，学会按照韵律的感觉有节奏地抑扬顿挫。

视觉里感受儿童诗。眼睛是孩子们发现美的窗口，用直观的方式进行儿童诗教学，孩子们得到美的熏陶，也让抽象的意境化为图像留在孩子们的心里。因为有些儿童诗对孩子们来说是有一定的理解障碍的，这就需要教师教学中采用更为直观的方式，让孩子们易于学习。如一年级下《祖国多么广大》，教师将祖国的版图展示给孩子们看，同时出示“大兴安岭”“长江”“海南岛”的壮丽景色，孩子们通过欣赏图片、视频，深刻体会“祖国多么广大”。二年级下的《神州谣》更是以“黄河”“长江”“长城”“珠峰”“台湾”这几个地方，为孩子们展现出中华大地的雄伟；教学时分别在版图上圈出地理位置，结合视频让孩子们看到祖国的伟大，视觉上的冲击激发孩子们的爱国热情，使其迸发出对这样的儿童诗的兴趣。

触觉上感受儿童诗。儿童诗并没远离我们的生活，其实近在咫尺，如果能让孩子通过手接触儿童诗，那是多么新奇有趣。如二年级上册的《植物妈妈有办法》，这是一篇具有科学色彩的童诗。教学中按照一般的流程上完，孩子们未必能明白其中隐藏的奥秘。由于诗中出现的几样植物——蒲公英、苍耳、豌豆，都是容易找到的，教师可以拿着这几样植物上课，孩子们逐一摸一摸、看一看、说一说，获得真正的触觉体验，有利于理解掌握这首科学性较强的童诗，也不会感到乏味。

游戏中感受儿童诗。低年龄段的孩子天性自由，无忧无虑，一提到游戏便能激发他们的兴趣。教师在课上想方设法设计游戏环节，寓教于乐。如一年级上册的《影子》，学生一开始对影子该在什么时间出现在哪一个方位是无从分辨的，教师带着孩子们到操场玩游戏“踩影子”。孩子们在有趣的游戏中发现人的影子倒映在地上与光线照射方向的规律，将抽象的东西融入游戏中，孩子们不但能快速掌握童诗，还能运用童诗。

绘画中感受儿童诗。教师在指导孩子梳理诗歌结构、理清诗歌脉络时，绘画发挥了重要的作用。孩子天生就是画家，绘画能激发他们的想象力，将他们的思维方式打开，帮助他们感受诗歌中感情的变化路径，更好读懂诗人。如一年级下册《一个接一个》，为什么题目是“一个接一个”，每一小节的第一句是孩子们喜欢做的事，结合插图，观察插图中孩子的表情、动作、神态，可以感受到这时图画中人物的心情是兴奋快乐的，教师可以让学生读懂了就在这个句子后画上一个“笑脸”，表示这些孩子们此时的心情；接着第二句是家人的催促、不愉快的中断，教师采用访谈的形式采访好几个孩子，让他们说说正玩得开心的时候被打断的感受，并在这样的句子的后面画上“哭脸”。整首诗共四个小节，前面三个小节结构相似，很快孩子们通过画“笑脸”与“哭脸”，体会到作者心情好和心情不好的原因，能更好地理解作者的曲折心情，由“快乐”到“伤心”，又由“伤心”

变为“期待”变化路程。每一小节旁边标注的“笑脸”“哭脸”就是孩子们对儿童诗理解的“阴晴表”，有着与众不同的色彩，绘画的方式既帮助孩子们体验作者的心理变化，还能帮助学生加强记忆，易于诵读。

朗读中感受儿童诗。朗读是诗歌教学中行之有效的办法，曾有学者研究指出，朗读可以加深印象，提高自信心。朗读作为课堂教学的重要方式，可以形式多变，如师生合作读、赛读、拍手读、亲子朗读等，增加朗读的趣味性。不管用什么方式朗读，低部孩子的初步朗读要求是读通句子，长句子的朗读对于低部儿童是个难题，长句子涉及到气息的把控、中间的停顿、轻重音的掌握，这对于低部儿童的朗读造成了一定的困难，所以教师指导初步朗读时，将指导的着重点用在长句子的朗读上，在长句子中采用“/”“、”以及“.”等符号帮助孩子们将长句子标注清楚，才能做到读正确、读通顺，解决朗读的障碍。进入高一层次的朗读，即有感情地朗读，提倡用孩子们觉得舒服的方式来读，不必完全按照格律的要求，可以根据儿童对于诗歌的理解，依据儿童情感的起伏变化，将文字转化为自己的感受，读出自己的生活经历，读出有味道的儿童诗。如一年级下册《怎么都快乐》中，诗歌反复出现“很好”，以及省略号，每一个“很好”是在什么情况下出现，教师在教学的时候，可以放手让孩子想象每一个“很好”里面藏着自己的哪些感受，再用自己喜欢的方式去读，读出每一个“很好”背后的含义，体会每一个“很好”都包含了什么样的心情。“省略号”的出现到底省略了什么内容，引导孩子们想象，省略号可以补充什么内容，不同的学生有不同的感受、不同的想象，也就有不一样的读法。省略号里或许包含活泼、天真，朗读将无声的文字变成有声的语言，让孩子读出真情实感，读出对于快乐的理解、幸福的体验。又如《谁和谁好》，这首儿童诗最适合孩子们与同伴、与家人面对面拍着手一起朗读，既可以增进彼此的情感体验，又可以理解其中蕴含的道理。孩子只有用喜欢的方式去朗读，朗读才有效果，这样的儿童诗教学才能落到实处，教师引导学生多读，通过有声有色地朗读让学生了解儿童诗语言的趣味性，有助于孩子们感受儿童诗的文字美、情感美，彰显诗歌的韵味，并且可以有效提升记忆力。

儿童诗的体验方式不止一种，用孩子喜欢的方式来感受，达到孩子们的情感认同，更容易将孩子们过往的生活经历再开发，更能让他们感受真正的儿童诗。

三、开发思维，创作童诗

教材中所选的儿童诗歌语言通俗易懂、生动有趣，句式灵活多变。教师在教学时要结合儿童语言发展的需求，抓住儿童化语言训练的时机，针对训练点进行拓展延伸，以抒发他们真实的情感体验。如一年级下册的《夜色》，在学习这首儿歌时教师抓住孩子们生活中真切存在的情感体验，“我从前胆子很小很小”引导孩子们说说自己胆小的表现，借助诗中的省略号、留白，激发孩子们将心中的余悸写下来，采用句式“可我一……就……”帮助孩子们仿写，降低孩子们抒发情感的难度，他们会更愿意去写。因为无论是成人还是儿童，在欣赏诗歌的过程中，常会产生创作的冲动。特别是低年龄段的孩子，他们日常所使用的的语言与儿童诗歌里面所运用的语言大致相同，童诗的内容取自孩子们的实际生活，儿童诗的格式也没有严格要求，应鼓励孩子们只要多观察、勤思考、乐动笔，还是能够摘到“苹果”，创作出儿童诗歌的。只要教师在教学时注意把握时机，启发学生结合生活实际进行创作，在课堂教学过程中融入儿童诗创作，开设儿童诗社团，除了学习书本中的儿童诗，适当增加儿童的阅读量，启发孩子们大胆联想与想象。如“童诗里的秋天”，鼓励孩子们从世间万物去寻找“秋味童诗”，并记录下来，让学生跳出课堂，奔向生活。儿童的想象是不着边际、五彩缤纷的，教师根据诗歌中的句式结构，或诗歌中的脉络，或者作者创作时的情感路线，让学生进行模仿创作，写出符合他们年龄特征、符合他们个性的作品。如《田家四季歌》每一个季节搭配一幅画，引导孩子们看着图画学诗，然后让孩子们四人一个小组，仿照书本抓住每一个季节的特征或象征性的东西写一写，新编“四季歌”并为自己的新编诗歌也画上插图。在孩子们创作过程中，要及时给予肯定、鼓励，充分让孩子们有成就感，感受到喜悦。其实写诗歌就是一种感觉，写出人们面对此情此景此物时的感受，孩子们能够及时地把此时的感受记录下来，就是一首小诗。对于低部的孩子们无需要求过高，无需用技巧来约束他们，只要他们打开自己的思维，迸发出自己的想象，自由自在、无拘无束地表达自我，写出自己真挚情感的就是好诗，就是真正的儿童诗。

四、搭建平台，展示童诗

为了营造诗意盎然的氛围，教师要善于利用各个时间段，进行诗歌朗读、诗歌分享、诗歌推荐等活动。可以在课前三分钟的时间，让孩子上台朗读自己喜欢的或是自己编写的童诗；可以在早读的时候，师生齐读有趣生动的诗歌；可以在午写的时候，让孩子根据自己的心情写写童诗；还可以根据二十四节气、天气的变化来搭配童诗，让诗歌随时随地与儿童相伴，让课堂上、生活中到处充满诗情。兴趣是最好的老师，孩子受兴趣的影响很大，他们是感性的，是随意的，是情绪化的，教师可以经常举办丰富多彩的儿童诗歌相关活动，引导学生多维度读诗、写诗。如课外实践活动后，可以让学生在活动中根据自身的情感体验，写一首诗来记录这时的感受、记录下美好的回忆；举行“童心童诗”班会课，将孩子们写的诗歌汇集成册，由师生共同阅读诗作、亲子携手演绎诗作，推举小诗人以及优秀诗篇；分享自己创作时的趣事、心情、想法；孩子们之间互相以鼓励的方式评价诗作；奖励优秀作品等等，抓住一切时机，在学生的心里埋下诗歌的种子，培养学生对童诗的兴趣，扩充学生的课外阅读量，感受儿童诗带来的愉悦感。

儿童诗是为孩子而来的，因为孩子的视角是新奇的、细微的、独特的，会带给成人全新的角度。儿童的观察力、感知力、敏锐度在儿童诗中得到锤炼，他们拥有成人所没有的想象力，特别是低年龄段的儿童，只要教师能用心呵护、精心引导，就能够发掘出儿童诗语言丰富的美、陶冶心灵的美，让儿童诗成为真正的儿童诗，成为孩子们稚嫩心灵中的儿童诗。

读诗　品诗　写诗

——研究儿童诗教学的有效模式

儿童诗歌是小学语言教学的一个重要组成部分，它主要面向儿童，旨在表达儿童的智力和情感。它有着非常丰富的儿童情感，并具有语言生动形象、形式不限、想象夸张、修辞灵活等特点。《义务教育语文课程标准（2011年版）》第一学段提出："诵读儿歌、儿童诗（新增）和浅近的古诗，展开想象，获得初步的情感体验，感受语言的优美。"[①]教师必须找到合理和有效的儿童诗歌教学模式，使儿童诗歌教学符合目标的要求。我现在谈谈一个以我自己的儿童诗教学为基础的有效的儿童诗歌教学模式。

一、采用多种形式来读诗

朗读是一种适用于心理、眼睛、嘴巴和耳朵综合运用的一种艺术，因此，教师在教授儿童的诗歌时，在各种形式的朗读中，如集体朗读、配乐朗读、分组赛读、男女生合作朗读、"闯三关"游戏读。就拿"闯三关"来说，第一关要读准字词，不能填字和少字，第二关就要读出儿童诗的朗读节奏，分得清楚该重读还是缓读，第三关要读出儿童诗的思想感情，让孩子们在朗读诗歌时有情感的共鸣，让他们感受到孩子诗歌的美丽。例如高洪波的《我想》这首儿童诗写出了孩子的一连串的"天马行空"，诗歌中的"我"想把自己小小的手安在桃树枝上，还想把自己小小的脚接在柳树根上，更想把自己的眼睛装在自由的风筝上……这首儿童诗一方面表达出儿童丰富的想象力，另一方面又能够表达出诗歌中的"我"对美好生活的寻找和渴望。

可以看出整一首儿童诗的语言比较浅显易懂，每一句话最后都押了“ang”韵，让人读起来朗朗上口，但想象却极具夸张有趣，读完之后给人留下十分丰富的想象空间，也能够让人觉得童年是那么的美好，忍不住想要读一读！因此，为了教授这首诗，教师首先可以让孩子自由地朗读，把诗歌读通顺、流利，然后让孩子们听录音，学会划出诗歌的朗读节奏，并尝试跟着录音朗读，读出诗的节奏感，可以先指名读一读，然后分组赛读，最后配乐读、男女生合作读，要求读出感情，读出自己对童年的记忆。在反复朗读中，儿童还可以从儿童的诗歌中得到更多的启发，经常朗读儿童的诗歌，自然会产生不可控制的说话欲望，从而为儿童的诗歌创作奠定基础。

二、联系生活实际来品诗

生活不是没有美丽的存在，而是没有发现，教师在教学儿童诗的时候绝对不能脱离生活实际，要善于利用生活中的一些传统节日、学校的一些特色活动、时代文化等去引导孩子品诗，激发孩子的情感共鸣。

例如，在母亲节期间，教师可以在课堂上朗读儿童关于母爱的诗歌，然后抓住诗歌中的主要词汇，伴随着温柔的背景音乐和适当的肢体语言来指导儿童的情感朗读，声情并茂地调动学生的情感，孩子们听着听着就会想起自己的妈妈。等到配乐朗读结束后，孩子们可能还是沉迷在儿童诗的美好想象之中，所以在这个时候，教师可以抓住机会，及时地提问：“我们的诗人把妈妈的爱比作什么呢？”孩子们会说妈妈的爱是一阵阵清凉的风、一把把遮雨的伞……教师可以抓住时机进一步引导：“妈妈的爱是无私的，妈妈总是在我们需要呵护的时候及时出现在我们的身边，可是却不求一分一毫的回报，我们有妈妈的爱，我们是世界上最幸福的人啊！孩子们，请读我们自己的诗！”

“听着，多美啊！原来你们也可以写诗，真是一个个了不起的小诗人啊！老师为你骄傲！”教师边说边为孩子们竖起大拇指进行点赞鼓励。看到他们脸上都挂满了自信的笑容，教师还可以进一步引导：“孩子们，今天你们还记得是什么节日吗？”“母亲节……”“那现在请把自己创作的小诗写下来吧，再画上自己喜欢的插图，可以是妈妈美丽的画像，也可以是和妈妈在一起的情景。最后把这首儿童诗作为礼物送给妈妈，我想这一定是妈妈最喜欢、最满意的礼物，因为妈妈会觉得她的孩子已经长大了，而且是一位小诗人啦！”“好！好！好！”孩子们欢呼着。

儿童诗虽然不长，但通过深情的朗读、体会、想象、模仿，孩子们一样可以感受到儿童诗很美，也会想着用儿童诗的形式来表达自己内心的情感，用这种特殊的方式来表达自己对妈妈的爱，真正地成了一位“小诗人”，孩子们也可以从中获得自信，进一步激发创作儿童诗的兴趣。

三、运用多样化的手法来写诗

（一）提问填空法

比如“雨”字，我们先换成几个字“小雨点、雨点儿”，什么样的小雨点呢？有的孩子会说是调皮的小雨点，有的孩子会说是可爱的小雨点，那么这么可爱、调皮的小雨点在干什么呢？有的会说它在空中飞舞，有的会说在树叶上玩“滑滑梯”的游戏，结果怎么样呢？可能有的同学会说一不小心摔成稀巴烂了，其实这样的几句分行整理就是一首诗了！而这种方法就是提问填空法，我们也可以通过选取优秀的儿童诗，去掉关键词，试着补充，降低难度。比如《阳光》一诗：“阳光在窗上爬着 / 阳光在花上（　）/ 阳光在溪上（　）/ 阳光（　）”我们抓住第一句“爬”这个动词可以知道要在括号里填上动词，那么想一想阳光在花上、溪上都干了什么呢？如果刚好有太阳，你们可以去阳台上看一看，闭着眼睛想象一下。可能同学会说“看着、坐着、躺着、玩着、摸着、吻着……”等不同回答，我们和原诗对比一下，发现看着、坐着不如笑着，吻着相对比较好一些，同样地，同学可能会说阳光在溪上“游着、漂着、浮着、照着、唱着……”等回答，而最后一个空就更开放了，我们可以思考阳光在哪里干什么呢？我们可以说阳光在树上玩“蹦蹦床”的游戏；在青青的草地上赛跑；在森林里玩捉迷藏、在人们的心里照着……我们通过选取一个主题，然后采用这种自问自答、扩词造句的方式来进行补充，分行整理就形成了一首童诗。

（二）画作配诗法

儿童诗《小猫》：“小猫一生气，就喵喵叫不停。小猫一开心，就总是找我玩。小猫一睡着，就哗哗流口水。小猫一饿，就在家里随便找吃的。”这位小诗人通过绘画体现小猫在家里都干了什么？家里养过猫的同学会说猫喜欢晒太阳翻滚、睡懒觉、到处乱跑觅食，小诗人也是通过平时生活的观察，所以在她的作品中我们看到了一只可爱调皮的小猫在家里寻找食物和主人玩游戏的情景，这只小猫可真逗！小诗人在构思创作的时候，可以随心所欲地在纸上绘画，也许创作的灵感一下子就能涌出来，也许不经意间一首儿童诗就形成了。同样地，小诗人在创作好自己的作品后，也可以尝试为自己的作品题画，通过绘画获得的灵感，我们可以继续修改作品，使得作品真正表达出自己的内心世界。

（三）点拨写法，训练创作

拟人，把动物、植物等当作人来写，在孩童的世界里，动物会说话、鱼儿会捉迷藏、星星会眨眼睛，它们也有人的情感。在《海底世界》这首儿童诗中，有的孩子就把海底的水母、珊瑚、鱼儿都当作人来写，写她们在海底开派对，在歌唱，在飞舞，在玩“抓迷藏”的游戏。如孩子的作品《海底世界》：“海底究竟是什么样子呢？快跟着我的脚步，带你们去见识一下海底世界的神奇吧！看！海底的一群群珊瑚奇形怪状，有的像牛角，有的像一朵朵绽开了笑脸的花朵，还有的像……就连小丑鱼也像个欣赏家一样，在群群珊瑚中，游来又游去。瞧！小鱼们也游戏得好开心，它们有的挤在一堆，不知在讨论着什么，有的在玩躲猫猫。海底的世界，真奇妙！”

比喻，用与事物相似的事物来描述或解释事物。比如，有的学生把蜗牛的壳比作是一座小房子，把弯弯的月亮比作人镰刀，把荷叶比作是一把伞。孩子的作品《调皮的月亮》：“天上有一个调皮的月亮，一会儿圆嘟嘟的，像个大玉盘；一会儿弯弯的，又变成一把镰刀。咦？另一半去哪了呢？哦！原来是乌云弟弟和星星姐姐在搞怪呀！”

排比，用三个或以上的同一个词语或同一种句式去描绘一件事物。孩子的作品《蚂蚁的幻想》：“世界，那么辽阔，那么美丽，那么迷人。一只小蚂蚁，幻想着——我要变成一个孩童，遨游游乐园；我要变万一只苍鹰，享受白云的拥抱；即使是变成一朵蒲公英，我也要‘龙行四方’。”

假设，在“如果我是一朵云”的诗歌创作中，学生想象通过假设法，展开想象，把自己变成一朵云，他们想要飘去何方？去干什么呢？孩子的作品《如果我是一朵云》：“如果我是一朵云，你猜！我会变成什么呢？我会变成一所学校，飘到山区，为山区的孩子搭建一所爱心学校；我会变成一个机器人垃圾桶，飘到公园里，帮环卫工人捡起地上的垃圾；我会变成一朵玫瑰花，飘到妈妈身边，作为礼物，来报答妈妈。”

阅兵，围绕一个中心主题分层次描写。比如在以“我的爸爸”为主题的创作中，分层次地描写爸爸，高兴时、生气时、伤心时等，从而一位更加立体的父亲跃然纸上。孩子的作品《我的弟弟》：“弟弟生气的时候会使劲大吼，连房子都快被吼塌了；弟弟高兴的时候会跳哇跳，连地板都快被他跳破了；弟弟伤心的时候会躲在角落偷偷哭，就连我都不知道他在哭。”

总而言之，在儿童诗的教学过程中，教师应当尽可能地用儿童的语言去引导孩子们展开想象，并且通过不同形式的朗读，进一步地感悟儿童诗中所表达的思想感情，激发孩子们的情感体验，进而激发孩子们创作儿童诗歌的兴趣。

"童诗抒童心"儿童诗教学实践探究

一、儿童诗教学的首要前提

儿童诗语言丰富、形式多样，同时充满了童真与童趣，因此在儿童诗的教学中，教师首先要做到的就是：拥有一颗童心。于是我自己也会时常品读鉴赏儿童诗，并站在孩子们的角度去欣赏这些儿童诗的情感和语言特色。有一首只有两句话的儿童诗，初读时便吸引了我的注意。这首儿童诗的名字为《灯》，内容是："灯把黑夜 / 烫了一个洞。"我们总是想灯照亮了黑夜，灯是我们日常照明所需，却不曾想到，黑夜这个幕布被点亮，原来是灯烫了一个洞。孩子们的想象力，他们对生活的认知，都是新奇和有趣的。所以，在儿童诗教学过程中，我认为，我们应该与孩子们一同阅读、想象、品味儿童诗的情感和意境，让孩子们始终保持对儿童诗的阅读兴趣，并能够发挥自己的想象去创作属于自己的儿童诗。

二、儿童诗教学须注重阅读和吟诵

在儿童诗教学中，教师须带领学生走进儿童诗的世界，一起欣赏儿童诗，调动孩子们的学习兴趣，感受儿童诗的魅力。不只是儿童诗，每一篇文章，我们都应该以阅读为主，让孩子们在阅读中整体感知这篇文章的情感和画面。《义务教育语文课程标准（2011 年版）》提出："诵读儿歌、儿童诗和浅近的古诗，展开想象，获得初步的情感体验，感受语言的优美。"

这是对儿童诗教学的明确要求。所以在儿童诗教学中，阅读也是尤为重要的一点。比如雪野的《爸爸的剃须刀》这首儿童诗：

爸爸的剃须刀
像一台收割机
每天清晨
从脸的这边
开到
脸的那边
呵呵地收割
昨晚长出的
黑黑的稻谷
可惜呀
黑黑的稻谷
还填不饱
蚂蚁的肚子

我会让孩子们有感情地朗读这首儿童诗，以读促悟，体会其中的情感，感受儿童诗优美的语言和节奏、音韵。儿童诗的语言于孩子们而言都是不难理解的，所以在朗读的过程中，孩子们就能够感受到作者创作这首儿童诗时的情感。

在教学时，我们还应让孩子们体会诗与生活的联系，从而刺激他们审美情趣的形成和提升，所以在通过朗读和吟诵初步感受儿童诗的情感后，孩子们再次自主阅读，同时想象这首儿童诗所描绘的画面是什么样子的。在雪野的《爸爸的剃须刀》这首儿童诗的教学中，就有孩子想象到："一辆收割机正在突突突地收割着'稻谷'，而这里的'稻谷'是黑黑短短的，收割机一会儿开到这边，一会儿开到那边，把'稻谷'收割得干干净净。但是，这些'稻谷'太短太少了，就算让蚂蚁都吃了，也填不饱他们的肚子。"

这一充满童真和趣味性的画面，经过孩子们的想象，再表述出来，是多么的有趣啊！这个时候，再让孩子们联系一下生活实际，想一想这辆收割机，究竟是生活中的什么事物呢？通过题目，我们不难知道，这辆收割机，实际上是爸爸的剃须刀。所以从这一边开到那一边，收割着黑黑的稻谷，实际上就是爸爸在拿着剃须刀剃胡子呢！爸爸昨夜刚长的胡子，想必是很少的，所以把它们比喻成稻谷的话，这么少的稻谷，蚂蚁怎么能吃得饱呢？

又比如冰心的《雨后》这首诗：

嫩绿的树梢闪着金光
广场上成了一片海洋
水里一群赤脚的孩子
快乐得好像神仙一样
小哥哥使劲地踩着水
把水花儿溅起多高
他喊："妹，小心，滑！"
说着自己就滑了一跤！

在鉴赏这首诗的时候，首先需让孩子们读出这首诗的情感来，在读的过程中边想象诗中的画面。有孩子在读的过程中忍不住笑出声来，孩子说："因为这首儿童诗的画面感太过真实，好像自己也在雨后踩着水花玩耍，然后看到身旁的小伙伴摔了一跤一样有趣。"不管是孩子们还是大人们，生活中都存在着很多看似平常，但是细想会忍俊不禁的事情。而这些记录了美好想象与生活平常的儿童诗，便给了这些孩子们展开联想的好机会。所以，联系生活实际，想象儿童诗中的画面，感受诗中修辞手法的运用和语言的趣味性，这不仅能够激发孩子们对儿童诗的阅读兴趣，同时能触发孩子们的想象，想象儿童诗中的情景，进而能够体会儿童诗的魅力所在。

三、儿童诗教学须将理论与实践相结合

在儿童诗的教学中，除了吟诵和鉴赏、想象儿童诗中的情景、体会语言的优美和趣味以外，我们还要让孩子们将理论与实践相结合，在实践中进一步学习儿童诗。雪野的《爸爸的剃须刀》和冰心的《雨后》描写的都是生活中的一件常见的事，爸爸用剃须刀刮胡子，雨后是孩子们的一片天地，这些生活中常见的事还有很多，这时便可以让孩子们在课堂上自由发挥着想象，创作属于自己的儿童诗。在创作儿童诗的同时，我鼓励孩子们在自己创作的儿童诗周围画上与他们所创作的诗内容相符的画，将画与诗结合起来，更好地体会儿童诗的乐趣。

在儿童诗的创作中，有的孩子写了顽皮、懒惰、勤劳的笔在不同状况下的不同表现：

笔呀笔
你可真顽皮
考试时
发出许多“沙沙”声
笔呀笔
你可真懒惰
写作业时
慢吞吞的
笔呀笔
你可真勤劳
记东西时
总是认真地记
笔哇
你
又顽皮

又懒惰
又勤劳

从笔的各种情况下的作用来写，通过将笔比作人，赋予了笔与人相同的性格特点，这是多么有趣的想象啊！有的孩子把毛毛虫啃食树叶想象成它们正在打架：

毛毛虫和树叶在打架
毛毛虫用牙齿使劲一咬
树叶就受伤了
树叶的朋友风来了
帮助树叶打毛毛虫
风吹了起来
想把毛毛虫吹到地上
可毛毛虫紧紧地抓住树叶
风叫来自己的兄弟姐妹
使劲吹毛毛虫
最后
毛毛虫被吹到地上
灰溜溜地逃走了

毛毛虫啃食树叶，是很自然的现象，但是在孩子看来，是对树叶的一种欺负，于是有了正义的风朋友，帮助树叶赶走了毛毛虫。还有的孩子写了下雨时雨宝宝们在雨衣上跳舞的情景：

雨来了
可爱的雨宝宝来找我玩了
它们在我的雨衣上蹦跳

我问：“你们跳什么舞呀？”
“我们跳拉丁舞”
我想：为什么跳舞呀
于是我用小手抓雨滴
谁知它们在我手上跳舞
可爱的雨宝宝跳呀跳
直到雨停才停止跳舞
你们说
雨宝宝可爱吗

把雨落在身上这件生活中常见的事写得活灵活现起来。亚里士多德说过：“想象力是发现、发明等一切创造活动的源泉。”孩子们在创作儿童诗过程中的这一系列想象，正体现出了孩子们的童真和童趣，体现出他们想象力的丰富。

四、总结

在儿童诗教学中，我力求站在孩子们的角度，与孩子们一同欣赏儿童诗，通过他们的视觉去感受儿童诗的情感和意境，感受儿童诗中的生活情趣。在教学过程中，我也积极营造一种轻松愉悦的学习氛围，使孩子们能够在这种氛围中欣赏和创作儿童诗。通过吟诵和鉴赏，孩子们能够联系自己的生活实际，体会到儿童诗的情趣和意境，想象儿童诗描绘的生动画面，感受到儿童诗语言的生动和有趣，不断提高自身的文学素养。在欣赏完儿童诗以后，还要让孩子们通过创作，将理论与实践相结合，深入其中，感受儿童诗的魅力，想象属于自己的儿童诗的画面，创作出属于自己的儿童诗，同时提高他们的文学能力。

儿童诗，是美丽的诗！我们应该让孩子们多读诗，尽自己最大的努力来呵护孩子的那颗诗心，通过诗歌的阅读与创作来全面提高学生的语文素养，让孩子们在儿童诗的学习过程中健康快乐地成长。

童心童趣话童诗

——儿童诗的教学策略

如果说童年是一首快乐的歌，那么儿童就是动听的旋律和音符；如果说童年是一幅色彩斑斓的画，那么儿童就是多彩的画笔和颜料。儿童诗充满童心童趣，既有儿童的丰富想象，也有儿童天真无邪的构思和精粹的语言，童真而富有优美的意境。

苏霍姆林斯基指出："孩子天性是诗人"。孩子们的感觉与诗是相通的，只要让他们心里的诗的琴弦响起来，就能充分发挥孩子的天性，就能创作出富有童心、童真、童趣的诗。童诗最根本的特征是具有节奏感、美感和童趣。《义务教育语文课程标准（2011 年版）》第一学段中也明确指出要引领学生"诵读儿歌、儿童诗和浅近的古诗，展开想象，获得初步的情感体验，感受语言的优美"。在多年的儿童诗教学中，我不断探索有效的教学路径，采用了不同的形式和方法，适时调整教学策略，让学生感受儿童诗的美。

一、读中感受韵律和意境

儿童诗，是指一种特别重视节奏、声韵的美感，文字流利自然，内容生动活泼，情趣盎然，适合儿童念唱或朗诵的诗作。小学阶段，孩子天真可爱，又有丰富的想象力，我认为是教学儿童诗最好的契机。因此，在儿童诗教学中，体味儿童诗优美的意境和韵律尤为重要。

比如教学儿童诗《月亮》：

天上月亮圆又圆，
照在海里像玉盘。
一群鱼儿游过来，
玉盘碎成两三片。
鱼儿吓得快逃开，
一直逃到岩石边。
回过头来看一看，
月亮还是圆又圆。

诗中一开始是描绘了静寂的夜晚，月亮倒映在海里，这时游来了一群可爱的小鱼儿。当鱼儿游过来，看到倒映在海里的月亮时，吓得赶紧逃到岩石边。用“玉盘”来比喻海里的月亮，写出了月亮的形状，形象贴切。“玉盘”破碎，写出鱼儿慌乱逃跑时打破了原本平静的水面。当鱼儿逃到岩石边，偷偷回过头看看水中的“玉盘”时，月亮还是圆又圆。这首诗活泼有趣，童心满满，一群胆小而又调皮的鱼儿生动的形象跃然纸上。整首诗语言活泼，朗朗上口，每句结尾字韵律优美，符合幼儿的习惯，如“游过来”“碎成两三片”“吓”“逃开”等词语，使低年级的学生读起来感到轻松愉悦。诗中既有动态美，也有静态美，动静结合，充满意境美，好一幅美丽的月夜图啊！真可谓诗中有画，画中有诗，既激发孩子们的朗读热情，读后又给了孩子们以美的享受和童趣的浸染。

《义务教育语文课程标准（2011年版）》指出：“语文教学要重视，让学生充分地读，在读中整体感知，在读中培养语感，在读中受到情感的熏陶。”教学儿童诗更应如此，让诗的艺术一点一点地深入孩子们的心中。在教学中，我常常尝试着让孩子们从现实生活中找到能触动孩子心灵的那个点，选择适合各个不同年龄段的孩子朗读的儿童诗，每首儿童诗都那么富有灵气和纯真，无不洋溢着盎然的童趣。

比如《窗前一株紫丁香》：

踮起脚尖儿，
走进浓绿的小院，
我们把一株紫丁香，
栽在老师窗前。
…… ……
夜深了，星星困得眨眼，
老师，快休息吧，
让花香飘进您的梦里，
那梦呀，准是又香又甜。

这首诗充满童真童趣，作者用孩子的口吻表达对老师的关爱，符合儿童的语言特点。在课堂教学这首诗时，我只是让孩子们轻声朗读，让他们读个够，读个透，结合诵读，体会诗歌情感。在教孩子们朗读时，我引导孩子们想一想："当你想到一个对你最好、你最喜欢、最信任的老师，你一定是笑着的，对吧？这时你的心里一定是充满了愉快，对吧？"虽然诗中没有一个字提到对老师的关心和感激，但是通过孩子们各种形式的朗读，在字里行间却无处不见这种最淳朴的爱。紫丁香拥有浓浓的花香，就如同孩子栽下一棵小树，这棵小小的树便是送给老师的最珍贵的礼物，表达了一份对老师浓浓的关爱与感激之情。这是一份多么纯洁而又美好的师生情啊！窗前的紫丁香糅合了作者一颗炽热的童心，流畅、自如的文笔为我们勾勒出一个诗情画意的境界。

二、品中领悟内容和特色

儿童诗的读者是儿童，在课堂教学中，领悟诗的内容和语言特色，需让孩子们将诗歌中的内容和日常生活联系起来，才能启发孩子们体会诗歌中的童趣。比如《时间老人》：

它给不珍惜时间的孩子，
雕一只笨乌龟，
驮着沉甸甸的叹息，
在后面爬得十分苦恼。
…… ……
这把时间雕刻刀，
就是这样铁面无私。
它检验每人对时间的态度。

如果在课堂上向孩子们讲述好孩子应该怎样珍惜时间，是不会引起孩子们的共鸣的，以朗朗上口的诗歌形式呈现给孩子们，他们会认真品读，对照反思，追寻不足，及时纠错。

儿童诗时时刻刻拨动着孩子们的心弦，播下了一颗颗诗的种子。儿童诗的内容浅白、简练，孩子们容易理解，容易学到一些生动优美的词句，也能感受到其中优美的意境。如叶圣陶先生写的儿童诗《小小的船》：

弯弯的月儿小小的船，
小小的船两头尖。
我在小小的船里坐，
只看见闪闪的星星蓝蓝的天。

这首诗虽然短小，字数不多，却把孩子想飞上月亮遨游太空的美好愿望展现在我们读者面前。诗中运用比喻的手法，把“弯弯的月儿”比作“小小的船”，“两头尖”写出船头和船艄两头翘起，形象生动。诗的韵律和谐，语言通俗易懂，富有童趣，呈现出了一幅奇妙的夜空图，引起孩子们对夜空无限的遐想：自己坐在月儿上看闪闪的星星和蓝蓝的天。在优美的语言环境中，孩子们不仅学习了语言，丰富了词汇，而且得到美的享受。

三、写中闪现思维和情感

著名儿童诗人圣野说：“一个自幼受过儿童诗熏陶的人，长大后肯定是个有是非观，有真性情的人。”儿童的世界是简单和快乐的，他们思想单纯，用孩童们的眼光看世界，一切都是那么美好。如果让孩子自己来创作儿童诗，自然是妙不可言了。如有一个孩子写了《爸爸的鼾声》：

爸爸的鼾声，
像什么呢?
呼噜噜，呼噜噜，
像一只可爱的小猪。
爸爸的鼾声，
像什么呢?
轰隆隆，轰隆隆，
像火车过山洞。
爸爸的鼾声，
像什么呢?
咕噜噜，咕噜噜，
像我在漱口。

这首小诗虽然稚嫩却闪现着创造性思维的火花，诗中以形象的比喻，运用了好几个叠词，如“呼噜噜、轰隆隆、咕噜噜”，增加了儿童的语气和小诗的情趣，韵律上也活泼生动，表现了孩子对爸爸的观察是多么入微，唤起了亲密的父子情。

著名儿童文学作家樊发稼说：“诗歌，和儿童有着一种天然的默契关系，他们的想象方式、表达习惯和认知渠道，都有着诗的品质。所以好的诗句，可以成为儿童内心世界的容器，成为儿童认知世界的道路。毫不夸张地说，一首契合童心的好诗可以为一个人的一生抹上一种色彩，烙上一个印记，带来一种节奏。”曾经有一个孩子创作了《海的味道》：

海的味道，
是咸咸的，
它是蓝天妈妈的眼泪。
海的味道，
是甜甜的，
它是蓝天妈妈的吻。
海的味道，
我尝不尽……

这首小诗立意新巧，想象力丰富，意境优美，极富童趣，给人留下无限的回味。

孩子们自己创作的儿童诗稚拙纯真，清新自然。它们虽然没有精彩的语句，篇幅也短，却又不乏童真、童稚和童趣。作品富有灵性，闪现出创造性思维的火花，流露出最质朴的情感。

四、放飞想象，抒发童趣

儿童诗中的想象是奇特、有创意的，孩子们的创造力是无穷的。诗歌教学的课堂，就是孩子们快乐的天地，它能让孩子们展开想象的翅膀，领略美丽的风景。

在儿童诗教学中，我常常运用多种形式唤起儿童想象，如：借助图画中描绘的各种景象，让孩子们展开丰富的想象，领悟儿童诗中的意境；或用讲故事的方式，让孩子们一边听一边放飞思绪，带领他们走进儿童诗中的情境；或让孩子们闭上眼睛听音乐，走进描绘的情境中去……理解了诗歌的内容，感受了诗歌美好的意境，我就着手让孩子放飞想象，用诗化的语言抒于笔端。

儿童最早认识四季的途径往往是诗歌，大自然中一棵棵绿绿的小草，一只只可爱的小鸟都会引发孩子博大的爱。在儿童的眼睛里，世界是那么干净美丽。一个孩子自己创作了儿童诗《四季》：

春天的风是温柔的，
它让我学会了自律。
自己学会管理自己，
给自己多一份自信。
夏天的风是炎热的，
它让我学会了友善。
给身边人多一份帮助，
给自己多一份温柔。
秋天的风是凉爽的，
它让我学会了文明。
雅言雅行，诚实守信。
给自己增添一份友情。
冬天的风是寒冷的，
它让我学会了平等。
公正平等，自尊自强，
给自己增添一个机会。

孩子从春天风的温柔、夏天风的炎热、秋天风的凉爽、冬天风的寒冷中，联想到自己应该自尊自律，诚实守信，领悟人性的真善美。

2020 年一场突如其来的疫情，阻挡了孩子们回校园的脚步，班里一个孩子有感而发，创作了一首儿童诗《多想》：

一阵阵响亮的朗读声，
一阵阵欢快的笑语声，
一阵阵清脆的鸟叫声，
让我多么想念——
我们的校园。
因为疫情，
我们只能待在家中。
因为疫情，
我们的回校变得遥遥无期。
我多想，
疫情快快结束，
春暖花开，
那是多么幸福。
我多想，
和同学们一起上课，
听老师们谆谆的教导。
我多想，
早点回到——
那个充满快乐的校园。

多么富有灵性的诗句呀！孩子只是亲身感受，童心的流露，就让他们诗情迸发，身处诗的境界。

在儿童的世界里，梦想可以无限飞翔，快乐可以无限传达。孩子们读诗、写诗的过程其实就是一个发现美、捕捉美的过程。尽管有时孩子们的想象还显稚嫩，但我们已经播下了诗的种子！我相信：经历诗教的孩子，将会用一颗纯真的心，拥抱童诗，荡漾起爱的热情！

诗人，是写出来的

一、了解儿童诗

现在的小朋友从小就诵读唐诗、宋词，这些有很多格律的要求，也承载着很多东西，夹杂一些时代背景。而儿童诗，与格律诗不同，是自由体诗，抛弃了外在的对写诗的强迫性规则要求，也突破思维的框架。孩子们在放松的状态下，真诚地表达出自己的内心感受，往往这时候，一首有趣的儿童诗就产生了。

二、放飞童心与想象

在上儿童诗诗歌课时，我没有刻意要求小朋友们怎么去写诗，没有让他们有太多的心理负担，没有施压紧张的压力，就是让他们在体味儿童诗中迸发快乐的感受，把那份天真与灵动用诗的语言表现出来，鼓励他们插上想象的翅膀，秉着一颗童心，在儿童诗的国度里，尽显天真与浪漫。

在教学实践中，不断地和孩子们接触，让我明白学诗有效的方式就是自己动笔写，反复地去实践。我们的孩子天生就会写诗，写诗的能力，就藏在他们的天性里。为什么？因为他们拥有童心，而我相信，童心即诗。

《诗经》言：“诗三百，一言以蔽之，思无邪。”孩子们的“无邪”，就是童心。孩子们日常活在“思无邪”中，就是活在诗意中。

在诗歌教学中，孩子们在课堂上迸发的那份童心时刻在开启我，他们的想象令我惊叹。课堂上，我通过培养想象力来激发孩子们的诗歌兴趣。

孩子们能写诗，而且写得很好，以“草莓”为例，我鼓励孩子们展开奇特的想象，有的孩子想象草莓是一个害羞的姑娘，穿着小红裙，戴着小绿帽；还有的孩子把草莓想象成一座房子，墙红瓦绿，嘴巴咬开两个洞，就是两扇窗，想象力实在是太丰富了。

好像没有什么道理可讲。儿童语言非常有趣，他们拥有的童心，时常令我惊叹，在他们澄澈的世界里秉承着一颗澄澈的童心，他们用好奇且充满想象的眼睛打量着这个世界的一切，仿佛万事万物都有灵性，它们借儿童的脑袋和嘴巴来表达，尽管孩子们掌握的词汇还有限。想象、联想，这些都是诗句的产生方式，但他们的感觉力和想象力，比大人们更大胆。

写诗，是开启内心想象力的最佳方式，通过学写诗，孩子们像玩游戏一样来玩汉字。如果他们对这种汉字游戏产生了兴趣，他们常常会有新发现，常常能看见事物之间难以察觉的神秘联系。写诗，无非就把“新发现”写出来。如上面提到的将草莓想象成一座房子，这是形象与想象的结合，再加上孩子用自己的语言表达出来，就是一首有趣的儿童诗了。

从这可以知道，一首好诗一定跟我们的生活世界有关。我们经常以为，诗歌是凭空想象，是胡言乱语，诗人有灵感的时候像发了疯一样——因为他们说的话跟我们平常说的话不同，实际上。诗是对我们平常那种单调、乏味、缺乏变化的世界的超越，而超越的法宝，就是想象。

小朋友们都比较天真，他们的童心就是大人可望而不可即的天真。我们的儿童诗课，就是要把孩子们天真的眼睛里看到的世界，变成有趣的、生动活泼的诗歌。他们的话就是内心最直接的表达，不需要润色和加工，有感而发的东西才最澄澈。在课堂上，孩子们的精神是放松的，心情是愉悦的，诗歌课堂可以让他们在想象的国度里自由驰骋，将童心最大限度地放大，让有趣的思想相互碰撞，并且借助一支笔，跃然纸上。

三、培养孩子的共情意识

共情（empathy），也叫换位思考，是站在对方立场设身处地思考的一种能力。我们生存的这个时代，经常需要与人进行沟通交流，我认为，最有效的沟通方式就是心与心的沟通，站在对方的角度思考问题，理解对方的情绪情感，那么会大大增强沟通的效果，有教授认为，共情能力是一种人类生而具备且必不可少的能力。当然，培养孩子的共情能力不单单体现在人际交往中，也可以是人与物的情感交流。

以《小鼓》为例：

鼓是一个最怕打的小孩
当你轻轻地打他
他就小声地喊
疼！疼！疼！
当你重重地打他
他就高声地喊
痛！痛！痛！

在课堂上，我拿出一面鼓和两根鼓槌，孩子们看到就兴奋不已，这时，我请两位学生（一男一女）上来敲打小鼓，其他孩子认真听，听出不同。他们很快就可以听出，女生敲打小鼓时轻轻地，声音比较小，男生敲打时力气比较大，小鼓发出的声音比较大。随后我请孩子们边读边加动作，并指导他们抓住“轻轻地”“小声地”“重重地”“高声地”等关键词来读出敲打的不同声响，还指导他们抓住“疼”和“痛”，通过两种不同的表情来表现就像一个怕打的小孩。最后，有一个孩子说道：“老师，读了这首诗，让我想起我自己的经历，我也是一个非常怕打的小孩，每当我做错事的时候，妈妈总会轻轻地打我的手掌，我的表情也非常怕疼，如果是我爸爸打我的话，我的手掌就会很痛很痛，因为爸爸的力气比妈妈的大，这跟我们的生活经历实在是太像了。”这个孩子发言完毕，全班立马响起了雷鸣般的掌声。我在为这个孩子点赞的同时，也深刻懂得了他们正在形成一种能力——共情。他们可以联系自己的生活实际，将小鼓怕痛怕打的心理通过朗读和动作表现出来。在这样的共情引领下，全班孩子都带着自己的体会，边读边做动作边加表情，将这首《小鼓》展现得淋漓尽致。

日本诗人谷川说道：“我觉得诗歌的语言和生活很接近，当然生活本身不会变成诗的，诗是我们写出来的。”晚唐诗人杜甫忧国忧民，担忧国家大事，看到那些鲜艳漂亮的花就忍不住流泪，听到那鸟叫声，内心就波澜起伏，那一句“感时花溅泪，恨别鸟惊心”以花鸟拟人，感时伤别，花也溅泪，鸟亦惊心，移情于物，蕴意丰富。如果孩子们能将共情之情感，转移到事物中，便能很好地移情。即不直接表达自己的情绪，而是借助其他事物来表达，那么可以达到很好的婉转效果。如，有个孩子写道：“清晨/我在林间散步/花儿对我笑红了脸/小草探出脑袋/跟我挥挥手/多美的早晨啊！”小作者借助花草来表达快乐的心情，掌握这种技巧，孩子们写起诗来就更有趣了。

白居易说：“感人心者，莫先乎情。”所有诗歌都关乎情感，当你用真情实感写诗时，不仅感动了自己，也感动了别人。诗歌课堂，我认为很重要的一点是让孩子们将自己对某一对象的情感先自由说一说，然后再写下来，感情到位，文思泉涌则不难。有了共情意识，那么写下来的儿童诗会更富有童心童趣。

四、尊重每个孩子的个性

我们人是情感的动物，人们通常会借助各种形式来表达，写文章、写诗，或者站在高处大喊大叫……这是因人而异的，而我的诗歌课堂，每个孩子都对诗歌感兴趣，每个小诗人都是用自己的情感去表达，所有的材料都由诗人自己去活用。因为每一个小朋友，生活环境不一样，家庭情况不一样，见识不一样，自己的内心感受也就不一样。上诗歌课，不是要求小朋友们根据别人的诗去写诗，而是跟着自己内心去写诗。

每个孩子都具备特殊性，都有自己的个性，当孩子把自己的“语言天才”和“表达个性”发挥出来，便是独特的诗歌了。班上有些孩子个性是腼腆内敛，他的诗也会比较含蓄。有的孩子比较活泼开朗，写出来的诗调皮，也颇有一番趣味。以“我想”为例。沉默内秀的孩子会写“我想和同学玩捉迷藏 / 找一处地方 / 连阳光都找不到。”外向的孩子会写“我想和星星交朋友 / 这样我就可以每天都陪月亮睡觉。”每种个性都很好，我们写诗，就是要让每个小朋友的个性，像春天里的竹笋，在春雨的滋润下，自然地探出头来跟我们打招呼，并且在阳光的陪伴下茁壮成长。在教学时，我会尊重每个孩子的个性，让他们在诗歌里自由表达，让他们动手写诗，写下拥有自己个性的儿童诗。

五、写诗与画画相结合

诗歌的画面感非常强，课堂上，我在引导孩子们写诗的过程中常常让他们在脑海中先形成一幅画，那画里充满着生命的气息——有鲜花的芬芳、淙淙的流水、洁白的云朵……然后再在画上写上儿童诗，将诗与画完美结合，形成一种巧妙的对应。实际上，诗歌是由文字血肉做成的一个生命身体，一首诗跟一幅画，其实从性质上来说是一样的。画画它直接让你看见，当然文字也能直接让你看见，但是文字需要你去想象勾连。画画呢，非常形象直观，你不用说什么，眼睛一看到它，就懂了。

作为一个语文老师，我在读文字的时候，能同时想象到画面，甚至能闻到它的气味，也能感觉到文字的轻重。可见，我们每个人对有形的世界、有形的物体和无形的世界，都有不同的感知方式。所以在诗歌课堂上，我请孩子们闭上眼睛，并且播放一首轻柔舒缓的轻音乐，引导孩子想象画面：你为什么喜欢那个画面？那个和画面有什么吸引你的地方？美食？或者跟你很好的玩伴？孩子们在这样的引导下，嘴角正微微往上扬，此时我知道大脑的细胞带领他们到了心里最向往的地方，那个发生着令人快乐的事情，我也知道让他们嘴角上扬的不仅仅是过往的回忆，也有对未来的美好的憧憬。随后，孩子们便动笔在纸上用简笔画画出脑海中浮现的画面，那一支支灵动的笔在纸上游动，如同一只只飞鸟，展开双翅，去寻找真善美。

我把诗歌理解成画画，而孩子脑子里有的是画面，有的是感觉，画面是从感觉转化过来的。孩子会看见画画，不看时，会做梦，孩子的情绪变化也很灵，这些情绪和感情有可能转化成画面，那么转化成画面，画出来不就好了吗？不，在画的旁边写上儿童诗，诗与画形成互文，诗中有画，画中有诗，紧密结合，孩子们的写诗的兴趣越来越浓。一首诗，它有情感的流动和意象的流动，然后这两个流动的画面汇成一条小河，蜿蜒流动，流向彼岸，繁花似锦，与人有情感的共鸣，使人精神愉悦。

在画上写诗的好处，就是它给了你一个隐含在文字里的画面，但它说出的又不光是这个画面，是让你去感受它无限延伸的东西。我相信，孩子们的心灵结构里实际上有很有深度的文字。我们大人常常低估孩子的理解能力，孩子们的理解力是建立他们天性的想象力之上的，通过不断的阅读积累，他们也能够用行动诠释诗与画。

六、让写诗跟着感觉走

写诗的时候，我让孩子们一开始什么都不要顾忌，就凭着感觉，把心里积累的感受，眼睛里积累的景象，脑子里面积累的想象，都写出来，由着自己写出来。不管写得怎么样，就单纯地写出来。

我相信语言能把一件事变成别的事。写诗的时候，实际上就是抓住自己的直接感觉，让感觉来调动你的手，然后放松地去想象，用想象打破时间和空间，打破过去、先来和未来，打破你和物品之间的界限，有时候你觉得云会说话，在风的带动下会跳舞……世界上万物都有生命，这就是诗的眼光，诗的感觉。在诗人的感觉里，世界上没有一件事是死的，没有一个物不会开口说话。

小孩子最能直接抓住眼前的感觉和身体的感觉，而且他们内心有很多的思想，太多了。他们的眼里的世界和大人的不同，因为他们生活充满想象，对美好有各种憧憬，而我们大人反而生活在概念的世界里。概念世界有对错、好坏，但在小朋友的世界里完全不存在，所以他们更自由。

写诗是人和感觉之间一种自然的彼此生发、彼此触动。最好的诗歌，就是诗句来找你，一旦有了灵感，马上写下来，诗歌来源于生活，加上人的感觉与想象，也能为生活添加色彩。

儿童诗歌，在我眼里，它像风一样自由，就像孩子们写儿童诗一样，是内心自由的表达，形式不重要，格律不重要，是无穷无尽的探索与自我展现。孩子们写的诗常常突破语言和生活的常规，让我们眼前一亮。诗歌本身是一种无功利的东西，但是它能够奇妙地作用于人的心灵，让孩子们更加热爱生命，更加热爱生活。

诗人是谁？是我们每一个人。如何成为诗人？诗人是写出来的。当然，一个人写出诗了，对于诗也不见得懂得很多，还需要有人去读懂这首诗。我相信，只要我们愿意敞开心扉，拿出胆量，写下诗句，我们就可以成为诗人，小朋友们更是每一个都是诗人。

说几句孩子气的话，绘一幅别样的画

一、规避问题，回归本位

儿童诗，顾名思义，与儿童有着天然的、密不可分的关系，它应该是充满孩子气、纯真和童心的，从而带给学生诗意的童年。儿童诗因其生动的表达、浅显的语言符合学生的认知和审美，更能勾起学生的好奇心和求知欲，对提升学生的理解能力、思维能力、表达能力等语文素养，激起童趣，可以起到重要的作用。这些因素，充分说明儿童诗在小学教学中的重要地位。但是，在实际儿童诗教学中，仍存在一些问题，如：教学方式不够丰富，过于简单，教学大多以教师讲授为主，缺少情景创设，学生只是在文字上对儿童诗进行直观的理解，学生容易感到枯燥无味，难以引发学习兴趣；学习以背诵为主，对儿童诗的情感表达和韵律缺少了解掌握，也就失去了儿童诗的童真童趣，不适应现在强调回归“儿童本位”的教学要求。对于儿童诗的教学，应避免应试教育的思想，让儿童诗回归“儿童”，注重培养学生对儿童诗的审美和想象能力，为学生营造一个孩子气的世界。

二、趣味引入，激发兴趣

儿童诗除了有诗歌的共性外，更有其独有的儿童特性、飞驰不羁的想象、空灵童真的笔触、浅显孩子气的语言……在教学过程中，要抓住儿童诗用稚嫩的眼光诠释生活中经典又常见的画面的特点，不以分析讲解为目的，而是带领孩子们通过语言去体会生活片段，唤起与语言的共鸣。儿童诗学习伊始，我让学生想想最喜欢什么，这个大家都饶有兴趣的话题一抛出，班里就炸开了锅，同学们七嘴八舌“我最喜欢到河里游泳、抓鱼”“我最喜欢和弟弟妹妹去公园里放风筝”“我最喜欢奶奶做的南瓜羹”“我最喜欢……”神采奕奕的脸上都在述说着兴奋和欢喜。于是我便顺势引出儿童诗《童年的墨水画》，让学生伴着刚刚想象的画面来学习这首儿童诗，同时辅以声像并茂、视听结合等多种方式借助学生的想象来把儿童诗变成一幅流动的画面，特别是刚刚那个说喜欢游泳的孩子，一边读着“一双双小手拨动着浪花”一边做着动作。学生读着、看着、做着，仿佛也进入到诗人的童年，成为诗人的玩伴。

三、创设意境，还原生活

儿童生活中的多姿多彩，由一首首儿童诗定格成一幅幅充满诗意的图画，学生们用孩子气、童真筑起了这个丰富多彩的世界，用自己多元化的想象来认识并诠释生活。在他们通过想象而诗化的世界里，花、草、树木、布娃娃都是活的，风儿会跟他们捉迷藏，花儿会害羞，鸟儿会歌唱……因此，在教学中，更需要教师调动符合儿童心理的想象来营造诗歌意境，抒发儿童的童真童趣，用无限的想象还原生活，用静止的文字给生活加点色彩，用与众不同的思维看待平常的事物，感悟诗的题旨。在高洪波先生所作《葡萄叶的梦》中，不起眼的葡萄叶成了主角，它不再只是叶子。在诗人笔下，它变成了翡翠，又变成了蟋蟀的小被子。结合课件图片，我让学生也做个魔术师，看看葡萄叶还能变成什么。接着，带领学生感受诗歌的韵律，从诗歌的语言中品味细节，通过四个“每一”不同角度地体现葡萄叶的努力，引导学生思考叶子为什么偷偷地笑了还流下了开心的泪。学生通过观察、诵读、想象、思考，感受葡萄叶坚持不懈、默默奉献的精神，体会到诗歌独特的韵味，一幅葡萄叶在阳光下茁壮成长，细心呵护葡萄的画面呈现在孩子们的脑海中。下课后，有学生拿着他画的画告诉我：“老师我觉得葡萄叶像奶奶手里的蒲扇，它能替我驱走炎热，赶走蚊虫，它也在默默奉献。”

四、始于仿写，成就新意

俗话说，儿童是天生的诗人，当然这需要一些前奏。平时的写作中，学生也会运用拟人、比喻等修辞手法，但大多停留在“弯弯的月亮像镰刀”“路边的花儿好像在对我笑”这种简单运用，而且受现在短视频等影响，许多学生更喜欢这种快节奏、趣味性强的内容，反而缺乏细心和耐心。如何让他们把眼中所看、心中所想跃然于纸上，写出一首孩子气的诗，这也是教学的重点。在我看来，儿童诗的写作与其他文体一样，开始于仿写，成就于新意。

仿写的前提需要大量的阅读积累和提笔书写的兴趣。为此，在教授了两首儿童诗后，我便让学生去搜寻他们感兴趣的儿童诗，创设各种情境与学生共读，让学生感受诗韵，大家的学习兴趣高涨；同时开展儿童诗分享会、朗诵比赛等活动。学生在此过程中不断积累，掌握一些写作手法，也喜欢上儿童诗的韵味，拓宽想象力的同时爱上读诗，有了写诗的想法。

在大致讲解了儿童诗创作的要点后，我便找一些有特点的儿童诗句式给学生仿写，如仿写儿童诗《我想》，我先给出句式：我想把眼睛装在________上，看________________，瞧______________，望啊，望——____________。从一开始简单的填短语，到仿写句子，再到仿写段落。同学们有了前面的积累表现得十分积极，虽然初次练习有些用词生硬，句式参差不齐，言语稚嫩，但却充满着童真、童趣，如王琳同学写的：

我想把耳朵
装在大地上，
听小草在努力发芽，
听河流与鱼儿聊天，
听啊，听——
自然的声音多美妙！

而在仿写的过程中，我也发现了一个问题，平时留心观察、勤于思考的学生，更能找到一些新鲜有趣的切入点，写出来的诗也更受同学们喜爱。诗中的意象都是生活中我们处处可见的画面，正是因为此，孩子们反而容易忽视它的美和特点。在一次语文课中，窗外的天空突然越发阴沉，伴随着几道震耳欲聋的雷鸣，下起了倾盆大雨，学生的注意力顿时被大雨吸引，于是我想利用这一次好机会，让学生学会观察，而学生也惊讶于可以在课堂中光明正大地“忽视老师”，观赏教室外的风景，于是争先恐后地跑到窗边、门边，瞪大双眼赏雨观雷。雨停了，课也结束了，而课后作业是写一篇关于雨的儿童诗。当查阅这次课外作业时，我不禁喜出望外，相较之前简单的模仿，许多学生有了自己的想象和新意：“云打翻了墨水瓶，染黑了自己的白裙子，呜呜地哭了。”“下雨了，山里的蘑菇咕嘟咕嘟喝着水，马路上的蘑菇蹦蹦跳跳踩着水。”简单的几句孩子气的话，却把下雨时的画面生动有趣地展现在我们眼前。

五、结语

在我们踯躅于教学的平淡时，不妨还给他们一个孩气的世界，让儿童的想象在潺潺流淌的小溪中嬉戏，在如絮如棉的炊烟中蒸腾，随着筑巢的鸟儿一起鸣啭，乘着升空的纸鸢一同曼舞，伴着坠落的雨滴一同飘洒，描绘心扉灵府的画卷。

诗润童心　聆听童诗

诗，原本的意思是用文字把内心的想法抒发出来，后来用来比喻美好的情趣和激发人情感共鸣的一种文体。英国诗人雪莱对诗的定义为万象化为美丽，使美丽的东西更美，使丑陋的东西添上美的东西。

儿童诗，有的人说是儿童写的或写给儿童看的诗。这么定义没有错，但儿童诗绝非这样简单。大家先读下面这首儿童诗：

小小的船

□叶圣陶

弯弯的月儿小小的船，
小小的船儿两头尖，
我在小小的船里坐，
只看见闪闪的星星蓝蓝的天。

《小小的船》是叶圣陶先生写的一首儿童诗，意境优美，比喻生动，谱写出一幅神奇的夜空美景图，激发孩子对夜空美景奇妙的幻想和无限的向往。全诗运用叠词特点，韵律强烈，孩子们读来通俗易懂，朗朗上口，是一首好诗。

儿童诗是诗的一个分支，应该以儿童为对象，反映儿童的心灵世界，符合儿童的心理特征和审美特点，是写给儿童看的或儿童自己写的，是真、善、美的，具有情感饱满、想象丰富、构思新巧、语言童趣、意境优美等特点的，适合儿童吟唱、欣赏或阅读的诗。

中国诗的历史源远流长，是民族的精神食粮，滋润着无数中华儿女的心田。随着时代的发展，儿童诗在培养儿童良好的品格、情感，激发儿童丰富的想象和思维能力等方面，特别在培养儿童真、善、美的审美情趣上发挥着越来越大的作用。儿童诗教学也越发引起大家的关注和重视。

孩子纯真、质朴、想象丰富，与儿童诗有着天然的机缘。孩子是天生的小诗人，孩子的世界就是一个诗意盎然的世界。儿童诗不仅能唤起孩子的情感体验，激发孩子的想象力，培养孩子的创造力，而且能提高孩子的语文素养，促进孩子的健康成长。小学学段是人成长的关键期，在这一阶段进行儿童诗教学，能培养学生美好品德和提高智力的发展。我们学校是广东省儿童诗教育示范基地，一直坚持儿童诗教学。儿童诗在小学语文教材占的比重也越来越大，是我们小学语文低年级非常重要的一种学习载体。如何进行儿童诗教学？我从学生的心理特征、年龄特点出发，结合自身教学实践，谈谈几种儿童诗教学的方法。

一、阅读感悟法

儿童诗语言优美，富有童趣，读起来朗朗上口。要让孩子在朗读中体会儿童诗的意境、韵律美，从而提高孩子的审美情趣。如我在教学叶老的《小小的船》的过程中，就是重点指导学生在阅读中感悟夜空的美景，激发学生热爱大自然的感情。

教学片段一：

教师首先示范朗诵全诗，启发学生想象：你的脑海中出现了一幅怎样的画面？等学生畅所欲言后，教师相机演示夜空景象的课件，学生直观地就能理解关键词语的意思。接着课件出示朗读要求并引导学生带着问题自由朗读课文。学生读完，汇报回答问题，教师点评并指导学生画出分隔号，读出节奏感和韵律。学生自由练读后，教师指名读，大家评议。再使用多媒体展示课文填空，指导学生朗读叠词，巩固识字效果。最后创设情境，组织学生根据评价要求进行朗读比赛，及时反馈鼓励。最后全班一起跟随配乐表演朗读，将诗教课堂推向高潮。

二、看图意象法

借助课文插图或课件展开想象，这也是儿童诗教学中常用的一种方法。每一首儿童诗中寓含着一幅美好的画面，孩子借助课文插图或课件能更快进入情境，轻松快乐地学习。如我在《青蛙写诗》一文的教学中，就是运用借助插图和课件的方法让孩子们直观感知大自然的奥妙，联系生活体验来学习儿童诗的。

教学片段二：

教师播放课件让学生感受雨天的美妙：快来听听，这是什么声音？学生回答：下雨的声音。教师相机引导学生找出文中描写下雨的语句，指导朗读体会，引发孩子的生活感悟，更好激发孩子的学习兴趣。启发孩子的想象，进行换位思考：假如你就是文中的小青蛙，看到这么美丽的雨景，你有什么感觉？你会想什么？说什么？做什么？把你的这种感受读出来吧。听到青蛙要写诗，观察课文插图，哪些小伙伴会来帮忙？学生回答后教师相机板书：小蝌蚪（　　）——逗号；水泡泡（　　）——句号；一串水珠（　　）——省略号。为什么它们能当逗号、句号、省略号呢？出示图片，你们发现什么了？指导学生朗读，小结：大自然多有趣啊！雨天的景色多美呀！小伙伴们很热心地帮助小青蛙，所以青蛙才能写出这么美的诗，让我们带着愉快的心情有感情地朗读课文吧！

本教学片段利用课件和课文插图，结合学生的生活体验，启发孩子想象，引导孩子观察理解小蝌蚪和逗号、水泡泡和句号、一串水珠和省略号之间的联系，使孩子爱学、乐学，激发孩子学习的积极性，丰富语言积累，孩子的语言文字运用能力会得到很大的提高。

三、配乐陶冶法

教学中，适当播放和谐愉悦的音乐也能激发学生产生共情，达到陶冶情操的效果。《雪地里的小画家》教学中我一播放欢愉的音乐，孩子们就会在音乐启迪下幻想：在洁白无垠的雪地上，小动物们快乐地嬉戏玩耍，雪地上留下的可爱的脚印，组成一幅生动和谐的画面，引发孩子们的无限想象和情感体验，使热爱大自然的教育达到润物细无声的效果。

四、游戏促情法

通过游戏激发学生的学习兴趣，学生喜欢在游戏中快乐地学习，大大提高学习效率。

教学片段三：

在教学《荷叶圆圆》一课中，我设计了闯关游戏：课件一片片圆圆的荷叶上出示带拼音的生字宝宝，让学生认读，读准字音；接着去掉生字宝宝的拼音小帽，你还认识它们吗？开小火车进行闯关，生字宝宝好调皮哦！藏到句子中去了。（出示课文）生字宝宝在课文里和我们躲猫猫呢，你还会读吗？指名读，再评议。指导学生读好小水珠、小蜻蜓、小青蛙、小鱼儿说的话，学生并带着自己的感受再次品读体会小动物们的快乐生活。带着头饰分角色朗读课文，在欢乐的游戏中提高学生的热爱自然，保护小动物的意识。

五、创设情境法

在进行儿童诗教学中也要创设情境，多联系孩子的生活，鼓励孩子用心观察生活，多与大自然进行亲密接触，让孩子们在亲身经历中积累阅历，训练思维能力。

教学片段四：

教儿童诗《夜色》时，我创设情境，使学生联系自身的生活体验，更快入情入境学习。首先播放视频，让学生欣赏感受夜色的神秘与美丽。

请学生说说：你看到了一个什么样的夜晚？接着让学生联系自己的经历谈谈对黑夜的感受。

小结：美丽的夜色让人心旷神怡，充满遐想，揭题：让我们一起走进儿童诗《夜色》，去领略作者眼中的夜色吧。这样，孩子们就能更有激情地朗读这首儿童诗了。

我们要教儿童诗，也要教学生写儿童诗。不要局限于课本的学习，鼓励学生多阅读课外书，在经典的诗作中拓宽视野，留心生活中的点点滴滴，捕捉每个发现、每个精彩的瞬间。不仅要教孩子们在儿童诗的海洋中畅游，而且要激发孩子们的写诗热情，使孩子们有感而发，情不自禁地把心中所思所想写下来，配上优美的图片或自己描绘的图画，收获自己的童诗、童心、童趣，留下成长的足迹和美好的回忆，绽放成长的芬芳。

诗润童心细无声，让我们与诗为伴，聆听最美的童诗，追寻诗意生活。

以诗社的形式提高低年段学生儿童诗创作兴趣

《义务教育语文课程标准（2011年版）》指出：“写作教学应贴近学生实际，让学生易于动笔，乐于表达。”小学低年段学生天真活泼，对世界充满好奇心，脑子里有各种奇思妙想，这是宝贵的财富。而儿童诗符合儿童的年龄特征，是儿童所喜闻乐见的，学生对于儿童诗十分感兴趣，有表达自己内心感触的强烈欲望。但日常的学校学习生活中，儿童诗的创作并没有得到重视，没有形成浓郁的儿童诗写作氛围；再加上学生对儿童诗的接触不多，他们在儿童诗创作方面富于联想与想象的优势便得不到展示，阻碍了他们的表达。

一、诗社形式的优势

学校儿童诗社团的开办，给学生提供了儿童诗学习、交流、创作的平台，解决传统课堂没有单独针对儿童诗进行教学的局限。诗社活动以学生为主体，学生写自己感兴趣的内容，抒发内心真实的感受，表达自己独特的想法，展示自己创作的成果。创作既是内心的反映，又能获得成就感，不断认识自我，激发着学生继续创作儿童诗的兴趣。笔者认为，成立诗社，通过开展定期的诗社活动，引导学生把所见所闻所思以儿童诗的形式表达出来，能激发低年段学生创作儿童诗的兴趣。

创设课堂以外的平台让学生接触更多的儿童诗，尽可能地让孩子在宽松的环境中尽情抒发，张开想象的翅膀尽情遨游那一片属于自己的天空。引导学生走向生活，引导孩子有一颗“诗心”，将自己融入社会、融入生活，学会去观察、思考、想象，从中学会表达。从鸟兽虫鱼、花草树木、日月星辰中，从春夏秋冬中，从身边的景、事、物中，从回忆、想象和感受中，找到诗歌创作的切点。

学校诗社，是喜好诗歌创作的学生每周固定开展儿童诗歌创作、欣赏的社团，有固定的活动场地，是学校为提高学生文学素养而创设的。“铧铧诗社”的创立，给学生提供了交流、学习儿童诗的场所，营造了浓厚的文学氛围。活动每周固定时间开展，社团成员及其家长十分支持，学生积极参与创作投稿活动，有些学生创作的诗歌作品也获得了省诗歌节一等奖。诗社这种诗歌学习的形式，激发了学生诗歌创作的热情，提供学生喜闻乐见的方式让他们进行创作、交流，从而拉近学生与儿童诗的距离，丰富学生的精神生活。

二、学生儿童诗创作兴趣的提高

（一）诗社佳作共赏

通过诗社活动，开展儿童诗佳作欣赏，感知诗境和诗趣。如台湾诗人林焕彰的《妹妹的红雨鞋》：

妹妹的红雨鞋，
是新买的，
下雨天，
她最喜欢穿着，
到屋外去游戏，
我喜欢躲在屋子里，
隔着玻璃窗看它们，
游来游去，
像鱼缸里的一对
红金鱼。

把两个情节孤立地呈现，很显然都是写实性的语言，画面平实朴素；而把这两个情节穿插在一起，却发生了质的变化。这正是诗的剪裁、取舍的美。学生闭起眼睛循着诗人的导引，迈进想象的门槛：哦，此时，屋外正飘着蒙蒙雨丝，透过玻璃窗，但见有两只红雨鞋在雨中来回游动，恰如一对红金鱼在鱼缸里恣意浮游……在通常情况，雨鞋大约不会让人联想起金鱼的形象，本身是不富有诗意的，但是隔着窗户，又在特定的雨景中，原来平平常常的生活场景和现象，一经诗人创造性的想象之光的照耀，就显出诗的奇，诗的美来。

佳作的欣赏、分析，使学生得到美的享受。喜好儿童诗的孩子，在社团浓厚的创作氛围中，创作儿童诗的欲望极易被勾起。

学生习作：

泉　水

□林晓慧

泉水是个旅行家，
爱到处旅行。
泉水流到山腰时，
是杜鹃花的镜子；
泉水流到山谷时，
叮叮咚咚，
像杜鹃歌声的伴奏；
泉水流到大海了，
它和伙伴们在一起。

创造优化的社团环境，能达到环境育人的目的。诗社的环境能积极地为学生创造浓郁的文化氛围。在社团活动场地各个显眼处悬挂着学生创作的优秀诗作，在黑板上、橱窗里定期配上学生创作的优秀作品，各班级的黑板报上也总能见到学生的诗作及名家诗作欣赏，做到诗歌无处不在，无时不在，既激发了发表作品的同学的积极性和自豪感，更给其他同学一个榜样，达到“春雨润物细无声”的效果。

（二）诗社活动展演

借助朗读表演、演示等手段，还原诗境。诗歌创造的情景交融的境界，是隐隐约约、曲曲折折地表现出来的。这就要求我们在教学中除了借助朗读启发学生想象，领略诗歌的意境美，也应通过各种手段提供开阔的想象空间，让学生展开想象的翅膀，如借助表演、演示等，利用其直观性、生动性，调动学生的各种感官，把抽象的诗境还原成具体的画面，可减缓理解的坡度，有利于开启学生的想象之门，让他们步入诗化的意境。而步入诗趣盎然的境界后，学生的思维越积极，想象就越开阔，这两者是相辅相成的。

学生习作：

小　草

□张辛渝

小草，
你为什么弯腰?
是不是又被大风吹弯了呢?
是不是小花又给你讲笑话，
你笑弯了腰呢?
是不是又肚子疼了?
我带你去看医生吧!

白纸和笔

□黄斯彦

笔喜欢白纸，
成天在纸身上写字。
白纸讨厌笔，
整天在它身上刻字，
痛得它“沙沙”大哭。
但是，
如果没了笔，
纸上就没了图案。
如果没了纸，
就不会有它俩的作品。

社团开展的丰富多彩的活动，使诗歌深入人心。结合各种节日以及特定的纪念日，各诗社经常性开展诗歌朗诵活动，活动开展持之以恒，井然有序，丰富多彩。朗诵会上的作品由学生自己创作，孩子们纯真、到位的表演和童心可嘉的诗作值得赞赏。

（三）现场模仿创作

1. 利用范文欣赏、模仿创作等多种练习手段，深化概念，并初步掌握技巧。

首先，范文赏析，例如：

回　家

下雨了，回家
放学了，回家

家里有饭
有妈妈

家是一个窝
一个圆圆的
溶化翅膀的巢
老来家是一泡泪水
想起来，心就疼

家是一个遥远的路程
漂泊中
思念入骨
一旦回来
又坐不住
老屋的板凳

家啊
人间怎么会有
这样一个
温暖又痛苦的器皿呢？

其次，模仿创作，可运用物化手法把“喜气洋洋，热情洋溢，愁眉苦脸”等表情、情绪物化为一连串鲜明可视可感的形象。

2. 命题创作，交流与评析，达到技巧运用自能自发化。

首先，出示适宜运用物化手法创作的几个题目：《谎言》《友谊》《母爱》……

其次，用漫画式的画图描绘物化了的心相。

最后，以四人小组为单位，讨论评析自己的作品。如：

妈妈的手

□邹昕芃

妈妈的手，
可以把嫩绿色的青菜，
变成一道道美味的菜。
妈妈的手，
可以用笔和纸，
告诉我这道题的思路。

妈妈的手，
做过许许多多的事，
让我们全家天天快乐。

在教学实践中，我还发现，除了刊印小报、黑板报、橱窗、手抄报可以给学生诗作的发表提供阵地外，通过诗社微信群、天空城网站等平台也能展示学生诗歌。采取各种方法，通过种种途径，尽量满足学生的发表欲望，极大地激发学生的写作欲望。

朗读与语文素养

朗读，是把文字转化为有声语言的一种创造性活动，是一种出声的阅读方式。它是学生完成阅读教育任务的一项重要的基本功。唐代李商隐的《与陶进士书》中说："出其书，乃复有置之而不暇读者，又有默而视之不暇朗读者，又有始朗读而中有失字坏句不见本义者。"元代贡奎的《雪晴》诗云："闭门谢尘鞅，展卷自朗读。"就是要清楚准确地高声朗读，使得诗文语气连贯而见情意。

朗读对于语文学习非常重要。说出来的是话，写出来的是文，朗读本身就包含在语文教学中，朗读就是"语"。许多语文老师在教学中只重视"文"，而疏忽了"语"。朗读是阅读的起点，是理解课文的重要手段，也是我国几千年传统语文学习的方法，"读书百遍，而义自见"说的就是朗读与理解的关系。朗读是一种对作品进行再次创作，把书面语言转化为有声语言的表达艺术，它有利于发展智力，获得思想熏陶，有助于情感的传递。苏联教育家苏霍姆林斯基曾指出："教师的语言素养在极大程度上决定着学生在课堂上的脑力劳动的效率。"因此，作为一名教师，提高自身语言素养，正确引导学生进行朗读，显得格外重要。下面，分享我多年来指导学生朗读的教学心得。

一、字正腔圆，准确到位

我们使用的官方有声语言是普通话，所以我们在朗读时要尽量说好标准的普通话。有声语言的学习是口耳之学，无论老师或是学生，平时要多听专业的播音员、主持人、朗诵艺术家的语音示范和作品范读，练习自己的听力，才能更好地判断出自己的方言音与标准普通话之间的差距，并不断缩小差距。特别是土生土长的潮汕人，受方言影响，在平翘舌音、前后鼻音的分辨上有难度，更要多听、多跟读、多查字典，做到字正腔圆，准确到位，以提高语言的标准化程度。

二、想象意境，有画面感

朗读需要朗读者进入作品，就是要把作品的内容、语言化为自己的理解与感受，所以朗读需要想象力，将文字转化为画面，设身处地、寓情于景。想象力所产生的画面感，能帮助我们更好地理解诗歌，更好地表现诗歌。比如朱自清的《春》，是一篇诗情画意相融合的散文名篇，写了盼春、绘春、赞春三个部分，其中3—7自然段细致入微地描绘了有春天特征的五幅图：春草图、春花图、春风图、春雨图、迎春图，以田园牧歌式的清新格调和欢快情绪，抒发了作者对春的企盼和眷恋。朗读这样的作品，老师要引导学生通过对文字的理解，想象自己眼前就是一幅春景图，只有自己身临其境般的朗读，才能把听众也带进这样一幅明媚秀丽的画卷中。

三、体味内涵，把握情感

分析文学作品，可以从作者和作品两方面着手，对作品的创作背景、作者的意图及作品的结构、字句、艺术手法等，做一番认真的分析。“内明于心”，方能“外达与人”。比如创作于北魏与柔然战争期间的中国北朝长篇叙事乐府民歌《木兰辞》。这首诗叙述了木兰女扮男装，代父从军，荣立赫赫战功后重返故乡的故事。塑造了木兰朴素善良、骁勇刚强的巾帼英雄的形象，歌颂了她深明大义、勇于献身的崇高精神和不慕荣利的崇高品德，全诗紧紧围绕“木兰是女郎”这一特点来精心选材，语言刚健质朴，风格粗犷豪放，是中国文学史上极为罕见的作品之一。直到今天，舞台银幕上的木兰形象仍然激励着人们的爱国情操。 因此，在朗读时要体现几种情绪的变化：

1. 木兰是一个“当户织”的劳动女性。父亲年老，小弟年幼，都不能去服兵役，又被迫不得不去服兵役，所以读到“不闻机杼声，唯闻女叹息”时要读出木兰的无奈。在这种情况下，她毅然决定冒着生命危险和乔装可能被识破的危险，女扮男装代父从军，以自我牺牲的精神来保全年老的父亲和年幼的弟弟。所以，读到“愿为市鞍马，从此替爷征”这句话时要把木兰的勇敢、坚毅的品质读出来。

2. “旦辞爷娘去，暮宿黄河边，不闻爷娘唤女声，但闻黄河流水鸣溅溅旦辞黄河去，暮至黑山头，不闻爷娘唤女声，但闻燕山胡骑鸣啾啾。”这里要读出木兰辞别父母的伤感与奔赴战场一路的艰辛。

3. “万里赴戎机，关山度若飞。朔气传金柝，寒光照铁衣。将军百战死，壮士十年归”。木兰万里行军，到了苦寒的边塞，参加了长期的酷烈的战斗。她终于坚持到胜利归来。这里要读出木兰的英勇无畏与大将气度。

4. 木兰在胜利之后，“不用尚书郎”，只愿“还故乡”，要读出木兰对家乡亲人的思念之情。

5. “开我东阁门，坐我西阁床；脱我战时袍，著我旧时裳；当窗理云鬓，对镜帖花黄。”木兰回到家中，恢复了女儿身，这里要读出女性的柔美。

6. “雄兔脚扑朔，雌兔眼迷离；双兔傍地走，安能辨我是雄雌？”通过雄兔雌兔在跑动时不能区别的比喻，对木兰的才能和智慧加以赞扬和肯定，这里要读出“谁说女子不如男”的气概。

四、运用技巧，标记符号

要读好一篇作品，掌握朗读技巧也是非常重要的，这是一种具有创造性的语言活动。朗读技巧包括轻重缓急、抑扬顿挫。轻重指的是轻重音，简单地说，就是需要被强调的关键词或短语要读重音；缓急指的是语速有快有慢；抑扬指的是语调有升有降；顿挫指的是节奏的停顿和转折。正确运用朗读技巧，不仅能使语言生动形象，还能使语言具有表现力与音乐性。接下来我们就以《绿叶的交响》为例子，重点讲重音和停顿的处理。我们可以用朗读符号做标注，重音用着重号，停顿用分隔号。

绿叶的交响
□金波

你种的树
在生长，
我种的树
在生长，
他种的树
也在生长。
于是，在这片茂密的树林里，
我听见了
绿叶的交响。
一片绿叶，一支歌曲；
一片树林，一部合唱。
迎接着春风、春雨，
吸收着空气、阳光，
有一个
金色的季节，
他们天天在向往。

（一）诗歌第一小节的开头用了三个基本相同的句式

这种排比句的朗读尽量不要雷同，语气上可以有递进的处理，就是可以处理为一句比一句的语气加重，这里的“你”我“他”是关键词，因为不仅仅是“你”我“他”，还表示有许许多多的人都来种树，所以这三个字要读重音。在“树”的后面稍稍停顿，“也”字突出了种下的树木多，也要加重语气。为什么“我听见了绿叶的交响”呢？那是因为枝叶茂密的缘故，所以“茂密”“绿叶”“交响”这几个词都是关键词，要加重语气。在“我听见了”后面稍稍停顿，更好地引出听见了什么，“绿叶的交响”几个字要用欣喜的语气读出来，表达出对这片绿林的热爱之情。一片绿叶会唱出一首歌，一片树林有无数的绿叶，就会形成一部阵容庞大、多声部的合唱，所以“合唱”这个词要读重音。树木在春风、春雨、空气、阳光的照料下茁壮生长，他们向往一个怎样的季节呢？是“金色”的，这是关键词，要读出重音。“金色的季节”指的是秋天，我们从“天天在向往”可以看出绿叶对秋天的企盼，这里要读出充满期待的语气。

向往着
第一次抽芽，
染绿了
鸟儿的翅膀；
向往着
第一次结果，
给生活
送去蜜糖；
向往着
风和日丽，
向往着
鸟语花香。
即使
当秋风吹拂，
绿叶
变成红叶、黄叶，
也愿

像彩蝶那样，
在一起飞翔、飞翔，
而后，又一起融进
肥沃的土壤

（二）诗歌的第二小节写了树木在一年四季中的变化

它们“向往着第一次抽芽”“第一次结果”，还向往着“风和日丽”“鸟语花香”，这几个关键词都要读重音。在四个“向往着”后面要稍稍停顿，引出向往的对象。春天来了，万物复苏，树木像被泼上了绿色的染料，连在树上叽叽喳喳唱着歌的鸟儿也好像被染绿了翅膀，这时就要联想起小鸟机灵可爱的样子。秋天到了，瓜果飘香，树林里、果园里一片丰收的景象，这里不仅要读出画面感，还要读出幸福甜蜜的欢乐心情。到了深秋，一片片红树叶、黄树叶被秋风吹拂，像一只只彩蝶一样翩翩起舞，在这里，“彩蝶”和“飞翔”是关键词，要加重语气，而且“飞翔”要读出树叶在半空中自由飞舞的感觉。飘落的枯叶最终会在土壤、空气、水分和微生物的帮助下分解，重新被土壤吸收，滋养土地，绿叶即使变成了枯叶，也心甘情愿成为土壤的肥料，树叶又一次回到了大自然母亲的怀抱，所以这里的“愿”“肥沃”“土壤”几个词也要标注重音符号，“又一起融进/肥沃的土壤”要读出叶落归根、万物凋零的意境。

你种的树
在生长，
我种的树
在生长，
他种的树
也在生长。
种树人
是亲密的朋友，
树和树

也连起了臂膀。
正像我们
常常喜欢畅谈未来，
我们也爱听
绿叶在春风
里交响

（三）诗歌的第三小节，用排比的句式呼应了开头

越来越多的“你”我“他”加入了植树造林的行列，树林里枝繁叶茂，树和树也仿佛手拉手、肩并肩。我们在一起畅谈未来，共同期望祖国天蓝地绿，山清水秀的美好明天，正如习近平爷爷说的“绿水青山就是金山银山”。 所以最后的“畅谈未来”和“交响”都要加重语气，情感上的升华要充分表现出来，读出心中的美好愿望。

五、辅以动作，精选配乐

（一）在有声语言艺术创作中，是以声音为主、肢体语言为辅的

朗读时的肢体语言包括手势动作、眼神表情。朗读时如果仅靠有声语言，会显得呆板、枯燥；但是如果肢体语言过于繁多，则会起到反效果。所以，恰到好处的肢体语言能更合理、准确地诠释作品内容。

（二）好的配乐能对作品起到渲染氛围、烘托主题的作用

朗读者对作品正确的理解、判断决定是否能找到相应的配乐，音乐的鉴赏力决定配乐是否有美感，对音乐的使用能力决定整个作品最终的呈现效果。

朗读，不仅是培养口头表达能力和写作能力的有效方法，而且可以完善性格，克服自卑的心理。愿教师和学生都能享受朗读带来的乐趣，增强自信心，提高语文素养。

儿童诗教学的朗读指导

儿童诗以简练的语言、清纯的情感、丰富的想象、明快的节奏颂扬了生活之美、自然之美、童心之美，因而深受孩子们的喜爱。而儿童诗的教学是少不了朗读、领悟和想象等要素和环节的。于是，我在儿童诗教学中进行探索，现以统编版教材三年级上册的《听听，秋的声音》为例，浅谈儿童诗教学的朗读指导。

一、范读引路，激发兴趣

俄罗斯教育家托尔斯泰说过："成功的教学需要的不是限制，而是激发学生的兴趣。"我们知道，兴趣是人力求认识某种事物或进行某种活动的心理倾向，是学习的内在动力，是开发智力的钥匙，是通向理想的桥梁。学习兴趣是构成学习动机中最为现实、最活跃的成分，而注重儿童诗教学的范读正好能激发学生学习儿童诗的兴趣。如在教学《听听，秋的声音》一诗时，我选择充满激情的范读来"引路"，告诉学生可以边听边小声跟着读，学生在老师抑扬顿挫的范读中受到感染，不知不觉地也放声朗读起来，这时我便及时给予鼓励与表扬并抛出任务——"请同学们有感情地朗读诗歌，说说你仿佛听到了秋天的哪些声音，看到什么景象？"学生兴趣盎然、津津有味地读起来，而且读得有模有样。成功的范读，不仅能让学生感受到文本之美，在潜移默化中掌握朗读技巧，还能让学生享受朗读之美，激发朗读兴趣，这何乐而不为呢？

二、品读文本，启迪想象

《义务教育语文课程标准（2011年版）》指出：“要建设开放而有活力的语文课程，要在发展语言能力的同时发展思维能力，激发想象力和创造潜能。”同时也指出，“引导学生诵读儿童诗，感受儿童诗的优美，培养学生的想象力，激发学生对儿童诗阅读的兴趣。”对此，在品读《听听，秋的声音》时，我让学生选择自己最喜欢的一节边读边想象：你眼前仿佛出现了一幅幅怎样的画面？课件出示秋景图，启迪学生展开想象，提醒学生可以从看到的、听到的这些方面来想象。请看教学片段：

师：同学们读得很认真，谁选择第一节，请来读一读？

生：听听，秋的声音，大树抖抖手臂，“唰唰”是和黄叶道别的话音。

师：黄叶和大树在道别时，他们分别说了些什么话？

生1：黄叶说“大树妈妈，我真舍不得你”。

生2：大树说“黄叶你不要走，你走了，我会想你的”。

生3：黄叶说“大树，你不要伤心了，我落到地上，过不了多久就会变成肥料，到时你会长得更茁壮，我也会更茂盛”。

师：瞧！大树听了黄叶的话乐了，大家也乐了。所以咱们读这一小节时，一方面要读出他们道别时依依不舍的感情，还要读出对黄叶的赞美之情。

诗歌是放飞的思绪，是想象的翅膀，是纯洁的童心……刚才我们欣赏了诗人的想象，放飞了自己的童心，老师相信童诗已经在你们的想象中绽放了。就这样，通过配图品读文本，启迪学生的想象力，指导有感情地朗读自己喜欢的一节，读出语言的节奏美，抑扬顿挫，轻重缓急，读出文本的意境；学生自然而然地走进文本，与作者产生共鸣。简单地说，走进秋，品读秋，听秋声，不亦乐乎。

三、个别朗读，感悟情感

读得好是一种结果，如何读好是一种方法，与其让学生羡慕别人读得好的结果，不如去学习别人读得好的方法——“临溪羡鱼，不如退而结网。”在教学中，我有意找一个读得有声有色，节奏感强，感情丰富的学生上台个别朗读，目的是通过这位同学说出朗读好诗歌的方法，这样学生更容易接受，知道“多读”是读书的一种好方法，可以学习借鉴。请看教学片段：

师：这时大雁来了，它又在和谁告别呢？谁来读一读？

生：一排排大雁追上白云，撒下一阵暖暖的叮咛。

师：读得真好！采访一下，你读书的秘籍是什么？（多读，熟能生巧）谁能学着读呢？

生1：一排排大雁追上白云，撒下一阵暖暖的叮咛。

师：太棒了！还有谁能读得更好？

生2：一排排大雁追上白云，撒下一阵暖暖的叮咛。

师：你真是读书小达人呀！大雁对白云说了什么？

生2：再见了朋友，我要去南方过冬了。再见了朋友，你可要注意身体哟！

师：这就是“暖暖的叮咛”。白云听到大雁的话，心里会感到多么温暖啊！这时，秋风也来了，秋风掠过田野，最开心的是谁啊？（农民伯伯）谁愿意来读一读。

生3：一阵阵秋风掠过田野，送来一片丰收的歌吟。

师：秋风在歌唱什么？它又会对农民伯伯说些什么呢？

生1：秋风欢快地唱着“看，多甜的苹果！”

生2：秋风激动地说“农民伯伯，大豆丰收了，快来收割吧！”

师：这真是一片丰收的美景啊！农民伯伯乐得嘴都合不上了，我们用朗读来表达丰收的喜悦之情吧！

新课标倡导在读中感悟，儿童诗要想真正做到在读中感悟，最关键的一点是调动学生的情感参与。而个别朗读不仅有助于学生能力的培养和锻炼，还可以吸引学生的注意力，提高学生对儿童诗的学习兴趣，帮助学生领会诗歌的内容，感悟情感。

四、配乐诵读，情感升华

相对于文字而言，音乐更原始，更感性。即使不懂音乐的人，也常常能听出音乐中的喜怒哀乐。将音乐与文本相映衬，往往能达到令人意想不到的朗读效果。在学生诵读时，合理选配音乐有助于学生多种感官参与学习，强化学生对所读内容的理解，情感的升华。基于这点认识，我在《听听，秋的声音》的教学中，多处选择理查德·克莱德曼的经典钢琴曲《秋日私语》作为背景音乐进行诵读，起到事半功倍的效果。如："听听，秋的声音，还有很多很多，它或许在一片叶子里，或许在一朵小花上，或许在充满汗水的农民伯伯身上……秋的声音是那样美妙，请同学们随着音乐，带着美妙的情感诵读这首诗的最后一小节吧。"再如："秋的声音，不仅在大自然中，在生活中，更在我们心中。最后我们一起在轻快的音乐中诵读全诗，可以适当加上动作、表情进行表演诵读哦。"话音刚落，"小诗人们"都神采奕奕，激情饱满，绘声绘色地诵读起来，仿佛置身于秋天之中，一幅幅美丽的秋景图便展示于眼前。

总而言之，小学的儿童诗教学是一个综合的、复杂的过程，其朗读指导更是细腻的。这就需要我们每一名一线语文老师认真对待，特别是在儿童诗的教学中，要充分利用朗读这个教学手段。有目的、适时合理地加强朗读指导，有助于提高学生学习语文的兴趣，使语文教学在朗读中释放正能量。正如托尔斯泰所言，真正的诗人是燃烧自己，点亮别人的。让我们举起诗歌这盏照亮灵魂的火炬，给我们的儿童以人文的关怀和美学的慰藉吧！

开展多彩童诗活动，让童心浸润诗心

金珠小学重视诗歌教育活动，让孩子们的心灵打开诗意的翅膀，在诗歌的国度里自由翱翔。金珠学子用“心”来探索灵魂的声音。在富有诗意的环境中，孩子们能够用诗意的眼光自主审视周围，并通过诗歌的形式表达自我内心世界，丰富情感体验，拓展想象思维空间，老师们用心培养，开展多彩的童诗活动，让童心浸润诗心，茁壮成长。

一、创建了“小学生诗歌节诗歌教育示范学校”

金珠小学在诗歌教学领域敢为人先，非常重视诗歌教育，倡导以诗育人，让童心浸润诗心。连续六年被广东省委宣传部、省教育厅评为“广东省小学生诗歌节诗歌教育示范学校”，受到相应的表彰。

早在2013年，学校就被定为“广东省童诗研究基地”； 2014年，学校首次获得“广东省诗歌教育示范学校”的称号。在广东省2014年小学诗歌节中，学校更有7名学生在佛山举行的诗歌现场创作比赛中获奖。2015年，广东省诗歌现场创作大赛一等奖得主——金珠小学的陈妍蓁同学作为获奖选手代表，上台接受诗人黄礼孩老师的颁奖。同时，陈妍蓁还作为广东本土小诗人代表，在台上朗诵了《离蓝天最近》和来自云南小诗人的诗歌，会后还接受了佛山电视台记者的采访，展示了金珠学子的风采。除了陈妍蓁同学外，金珠还有一批学子也取得了傲人成绩，因此，金珠小学被评为“2015广东省小学生诗歌节优秀组织学校”。

学校秉持“每个孩子都是天生的诗人”的理念，把诗歌引进课堂，致力培养学生从小读诗、写诗的习惯，不断提高学生的诗歌涵养，丰富学生的想象力。历年来，乘着省诗歌节的东风，学校积极鼓励和启发引导孩子们参与诗歌创作活动，发动孩子们踊跃投稿，并多次在诗歌节上取得奖项。金珠学子多次绽放诗歌创作的光芒，陈妍蓁、郑昕楷等多位同学均荣获省诗歌现场创作大赛一等奖。陈妍蓁同学多次获此殊荣，被主办方选为小诗人代表，录制了与诗结缘的小视频，与在场观众分享了自己对诗歌的热爱，吸引更多的小朋友走进诗歌创作的乐园。

陈妍蓁同学荣获2015广东省小学生诗歌节现场总决赛一等奖作品：

节 日

儿童节
我最喜欢
甜甜的糖
是我
坐着口水大巴
到肚子世界
环游

二、举办经常性的语言艺术诗歌朗诵赛

为践行“让每个孩子都发光”的办学理念，为学生提供展示的舞台，金珠小学“立德修身 奋学报国”多彩才艺展示月之语言类比赛近几年在总校区拉开帷幕。到场的既有大赛评委老师，也有亲子陪伴的家长，更有观赛助威的同学小伙伴。参赛选手均从各自的年级选拔赛中脱颖而出，化了淡雅的妆容，换上了裙纱或其他漂亮的衣服，现场气氛分外浓厚。伴随着优雅动听的音乐旋律和背景屏幕的一帧帧波动，上演了一场别开生面的比赛。

比赛场上，选手们都呈现出了最饱满的精神状态，在台上的举手投足都洋溢着自信与激情。有的同学在激昂的音乐声中演诵了《中国梦》和《我爱您，祖国》，在她们充满激情的朗诵中众人都感慨于祖国的兴盛，同时也感受到新时代少年奋发向上的蓬勃朝气；有的同学一篇《我的妈妈》感人肺腑，勾起了在座观众对母亲的那份感恩之心；也有的同学朗诵篇目《生命，生命》博得满堂喝彩，也使人们感受到对生命的这一份敬畏与尊重；高年级同学所朗诵的《桥》和《心愿》，则传承着我们中华民族的优良美德，民众之间舍己为人的情谊和共产党员为人民服务的光荣使命，都在他们的口中得到颂扬。

孩子们个个精神饱满，有的声情并茂，配上动作，与作者感同身受；有的朗读抑扬顿挫、铿锵有力；有的声音甜美，悦耳动听，富有情感；有的慷慨激昂、抑郁沉稳……文明在舞台充分呈现，孩子们《读唐诗》，舞《孔子》，书香乐韵自然流淌，演唱《大写的壹》酣畅表现中国人的骨气与精气神。

一次次的朗诵比赛中金珠学子感受到诗意语言的魅力所在，展现了新时代好少年健康活泼、蓬勃向上的风采。

三、创办了多个诗社，推动了诗歌教学

金珠小学致力于培育少年诗心，师生们共同读诗爱诗，极力推动诗歌教学工作的有效开展。学校长期开设三大诗社，教授童诗写作技巧，共享优秀诗作。乘着省诗歌节的东风，学校创立了“金苗子”诗歌文学社团，“妍蓁童心诗社”“晓晓诗社”“瑛瑛诗社”等多个诗社，为学生的诗歌创作提供了广阔的舞台，激发了孩子作诗的欲望，培育孩子的诗心。积极鼓励和启发引导孩子们参与诗歌创作活动，发动孩子们踊跃投稿，并多次在诗歌节上取得奖项。甚至连《童话王国》也向学校约稿，希望能连载孩子们充满童真幻想的诗歌。

2015年11月，金珠小学纪胜辉校长做了一个大胆创新的举措，创立了

一个以学校四年级学生陈妍蓁名字命名的诗社——金珠小学“妍蓁童心诗社”，委任陈妍蓁为社长，并放手让陈妍蓁独立备课，带领一群学弟学妹们在诗歌的世界里快乐遨游。“妍蓁童心诗社”一坚持就是四年，妍蓁自主给一群6—7岁的小同学上诗歌课。她在诗社里分享自己的童诗作品，给学弟学妹们讲述她的诗歌创作故事；她声情并茂地给学弟学妹们讲述童趣的绘本故事；还经常带着学弟学妹们走出教室。诗教课没有固定模式，没有仿照没有参考，一切随性随心走，学弟学妹们都喜爱这位童心爱心满满的妍蓁姐姐。妍蓁小老师为了教会大家写诗，充分调动学弟学妹们从诗歌中获取想象力，独创了一套“画画写诗法”，让学弟学妹们在画中写诗，在诗中作画。再也不用费劲地等待灵感的到来，他们已做到信手拈来都能成诗。

陈妍蓁蝉联2015、2016、2017年广东小学生诗歌节现场创作总决赛一等奖；2018年的六一前夕，《央视新闻》的《夜读》栏目推送了一组妙趣横生的童诗作品，在《央视新闻》这次推送的童诗中，陈妍蓁同学的诗歌作品《葡萄架》有幸入选。

葡萄架

□陈妍蓁（9岁）

夜空中
有一个葡萄架
一颗颗晶莹的葡萄让人直流口水
我站在椅子上
踮起脚尖用手一抓
抓到一把风
在风里
我闻到了葡萄的香味

四、开创《今日童诗》美文共赏专栏

学校十分重视儿童诗的赏析工作，通过微信公众号连载雪野老师的《今日童诗》诗歌作品。雪野，笔名雪也，浙江宁海人，儿童文学作家、诗人，现为《中国童诗》杂志主编，广东南方阅读研究院副院长、儿童诗歌研究所所长，《小作家报》文学顾问。

《今日童诗》选文：

茉莉花不见了

□文 / 雪野

妹妹身上喷了香水
一只小蜜蜂
一直跟着她
妹妹吓得躲起来
小蜜蜂急得哭着说
刚才那朵茉莉花
怎么忽然不见了

赏析：喷了香水的妹妹，成了一朵“茉莉花”。蜜蜂当然要紧紧追着花啊。吓得躲起来的妹妹，却让蜜蜂哭啦！可是，我还是要对蜜蜂说：想和“花”交朋友，不要追得太紧，远远地欣赏也很好啊。

挠痒痒

□文 / 雪野

铅笔
伸到卷笔刀的胳肢窝里
挠痒痒

卷笔刀
忍不住了
扭着身子
咯咯咯地笑

赏析：你也笑了？扭身子了？感觉到痒了？这首小诗，是我写的最快乐的诗歌之一。当时我的眼前就是大家都看到的情景：铅笔伸进去……卷笔刀扭转……声音。就在那一瞬间，我感觉到这是在挠痒痒啊！因为这个突然产生的念头，铅笔和卷笔刀就“活”了。

诗，就是要让看似没有生命的东西，拥有人一般的想法和行动。

五、举行《大小诗人一起走进春天里》童诗课

金珠小学在教学中渗透诗的理念、诗的纯粹，培育孩子的诗心，激发他们写诗言志的欲望，让他们生活在诗情画意的世界里，让孩子都成为“种太阳的人”！在诗歌教学方面，学校大力“引进来、走出去”；还多次开办诗歌的讲座，邀请了雪野、董宏猷、李文龙等著名诗人、作家、省诗歌节组委会秘书长为学生“引路”，为孩子“播种”，让家长、老师吸收诗歌的“养分”；还鼓励老师参加诗歌方面的培训，与先进地区的诗歌教学理念接轨。

2013年春，应金珠小学纪胜辉校长的邀请，雪野老师第一次到汕头，在金珠小学播撒下诗歌教学的种子。2015年秋，雪野老师再次到汕头，与金珠小学老师同上诗歌创作课，指导培训家长与孩子共读童诗。2016年，雪野老师第三次来到汕头，跟踪金珠小学诗歌教学的成果，给全校师生带来暖暖的春天、满满的诗意。

4月28日，一场名为《大小诗人一起走进春天里》的公开课在金珠小学多功能厅举行，这场公开课由儿童文学作家、全国著名诗人雪野和小诗人陈妍蓁轮流在课堂上开讲。陈妍蓁带着小学员们第一次走进了大众的视野里，与大家一起分享诗歌感受，一同感受文字的美好。

雪野老师给三年级孩子上诗歌欣赏课《花儿朵朵》。告诉孩子们当看到诗歌时，要寻找“躲”在里面的诗人；观察一朵花，懂得花的心事，随着它微笑，随着它歌唱。那是一个充分启迪想象的课堂，一个有温度的课堂。研讨中，小诗人陈妍蓁的课堂表现获得雪野老师的好评，他认为一个10岁的孩子，面向200多位老师家长与学生，与大诗人同台上诗歌公开课，确实是创新，陈妍蓁没有设定教学目标，但自然而然地就实现了教学目标，上课暗含了低年级小朋友的认知规律。从小朋友当堂画的画、写的诗可以看出，学校正在培养更多的小诗人。《汕头都市报》《汕头特区晚报》和《汕头电视台》的《民生档案》对陈妍蓁进行了采访并对这场公开课进行了报道。

2021年4月14日，雪野老师再次来到金珠小学，与金珠小学教育集团所有教师来一场“春天，字词在这里发芽”的儿童诗教学研讨活动。

六、精心上好学校的每一堂童诗常规课

“歌以咏志”。每个孩子都是天生的诗人，让童诗带给孩子一个诗意的童年。近几年来，金珠小学将诗歌教学、诗歌创作纳入常规课程研究，作为培养有涵养的金珠人的素质要求，真正做到诗歌创作教育进校园，让课堂成为诗歌启蒙的沃土，让更多的学生了解诗歌，并加入诗歌的创作中来。学校老师积极探索诗歌吟诵的方法，每天都进行诗歌诵读。

在一年级语文人教版新教材中，保留和新增的课文内容有不少都是儿童诗，每篇名篇都很经典，而且文字少、意境优美、充满童趣童乐，非常适合一年级孩子阅读理解。老师们重视教学和反思，充满童真童趣的儿童诗很好地给孩子们带来一个诗意的童年，为他们多彩的童年增加更美好的回忆，为孩子的人生开启诗情画意的航程。

学校童诗教学成绩斐然。如2014年，在汕头市委宣传部、市文明办主办的全市中小学生文明礼仪诗歌创作大赛中，金珠小学学生有50多篇诗歌入选，10多篇刊登在《汕头都市报》上并分别获得一、二、三等奖。在

《南方日报》的《每周一星》栏目中，学校学生已发表了5篇以上优秀诗歌作品，赢得了评委和广大读者的好评。

七、进行鲜活的童诗创作和朗诵者活动

现在，学校童诗创作和朗诵者活动如火如荼地进行，学生积极参与清弦朗读大会，学校公众号还开辟了金珠小学《朗读者》专栏，发表表演视频和童诗作品。金珠小学朗读者——102班孙婉心朗读的《弟弟别哭》如泣如诉；金珠小学朗读者——301班张博雅的《一场“战”役》浩气回肠；金珠小学朗读者——104班姚霖的《一只小蝙蝠的告白》构思新颖，无论是文字，还是朗读，都带给了我们享受和启迪。

正如诗人余光中所说：“童心是诗心的源头，天真是天才的起点；童心是敏感的指针，指向母语的磁场。”那么，请让我们一起守护这一颗颗诗心的成长，让孩子们能在诗歌的世界里度过最幸福的童年，让孩子们成为汉语世界的天使吧！

3 童诗创作篇

童言蓁语

——金珠小学“妍蓁童心”诗社社长陈妍蓁的诗

种牙①

□陈妍蓁（5 岁）

乳牙掉了
我把它们种在土里
等妈妈老了
牙齿掉光了
我把我的乳牙给妈妈装上

作品点评 1：童心是最美的一首诗，小诗人天真的想法表达出心中对母亲深深的爱。

点评人：余俊（广东省中山市石岐中心小学木棉文学社社长，中山市教育局手机报总编）

作品点评 2：乳牙脱落，是为了长出新牙。而在孩子眼中，乳牙的使命并未完成，只是它们还小，需要种在土里，一天一天成长，慢慢变强大。孩子仿佛在告诉自己，我就像是乳牙一样，目前还没有能力去照顾妈妈，但爱的种子已经深埋心底。当母亲需要的时候，自己就是她的依靠。

点评人：左右（诗人、作家，广东小学生诗歌节评委。第六届珠江国际诗歌节陕西青年诗人；第二届紫金·人民文学之星诗歌佳作奖得主。个人诗集《地下铁》获陕西省第四届柳青文学奖）

时间真小气②

□陈妍蓁（6 岁）

哥哥从广州回来

①这首诗是 2013 年广东省小学生诗歌节决赛获奖作品，陈妍蓁因此获 2013 年广东省小学生诗歌节“诗歌之星”。

②这首诗是 2014 年广东省小学生诗歌节决赛胜出作品，陈妍蓁因此获得 2014 广东省小学生诗歌节“诗歌之星”称号。

我和哥哥相处得好好的
时间却走得飞快

哥哥回广州读书了
时间却慢吞吞地走着
不让哥哥回来
时间真小气

作品点评：一首很好的小诗，动人。这样让人伤心或者快乐的事情还有很多吧，希望都记录下来。

点评人：李傻傻（蒲荔子）（诗人、作家，荣登美国《时代》周刊，出版过长篇小说《红X》，散文和短篇小说集《被当作鬼的人》《你是我的虚荣》等。）

好吃 好诗[①]

□陈妍蓁（9岁）

妈妈最高兴的事
是她做的每一道菜
我都说："好吃！好吃！"

我最高兴的事
是我写的每一首诗
妈妈都说："好诗！好诗！"

作品点评：这是一对有趣的母女俩，他们学会了相互欣赏而相为欢乐。

人们总是抱怨生活没有诗意和乐趣，这难道不是温馨的诗意吗？妈妈留给孩子的生活趣味和孩子带给妈妈的成长趣味。

对于小学生而言，诗不需要写得太华丽，词语不需要用得多奇妙，只需要记下生活中感动自己也感动别人的瞬间，就是好诗。

点评人：左右（小学生诗歌节评委、诗人）

馋嘴的枕头[②]

□陈妍蓁（9岁）

夜里
我做了一个梦
梦里有许许多多的美食
那美食馋得我口水直流

早上起床
我发现
枕头
也
流口水了

①作品发表于《三秦都市报》《中国少年文摘》。
②作品发表在《童话王国》《小不点儿童诗歌报》《童诗园》。

作品点评：明明是自己流的口水，却说成是枕头的，人证物证俱在，枕头真是百口莫辩啊，也只好哭着承认了！

点评人：大地之子（诗人）

风吹起了我的裙子[1]

□陈妍蓁（9 岁）

风吹起了我裙子
吹成了一个蛋糕
我好想吃
可一弯腰
蛋糕不见了

作品点评 1：我多想知道，孩子眼里的世界，和大人眼里的世界是有多么不同！我惊叹蛋糕与裙子之间的发现，为什么会出自一个孩子的眼睛？难道是我们这群大人，离童真和童年越来越远了吗？谢谢小朋友，将自己最美的发现，呈现给这个失真与虚假的社会。

点评人：黄鹤（报人，西安某报总编辑）

作品点评 2：小孩子是世界上最好的诗人，只不过他们由于年龄原因不具备书写诗歌的能力罢了。这一首诗意的发现之旅，并不是所有大人们能够发现的。风把裙子吹成蛋糕这一惊奇的落笔，小处独见可爱的才情，令人惊叹。

点评人：左右（诗人，小学生诗歌节评委）

葡萄架[2]

□陈妍蓁（9 岁）

夜空中
有一个葡萄架
一颗颗晶莹的葡萄让人直流
口水
我站在椅子上
踮起脚尖用手一抓
抓到了一把风
在风里
我闻到了葡萄的香味

作品点评：在我们儿时，都会久久凝视着星空，为它的浩瀚与璀璨沉迷，为它的遥远与流转好奇。我曾经好几次因为走着路仰望星空而摔倒，还为了看清北斗七星而使

---

①作品发表在《小不点诗歌报》《南方日报》。
②作品在《央视新闻》《夜读》栏目中推送，是 2015 广东省小学生诗歌节决赛获奖作品。

劲瞪着眼睛，最后酸痛流泪。后来我长大了，有一次去纳木错，看到满天密密麻麻的星星仿佛在盯着我，被吓了一跳。它们大的就像是一串串葡萄。

可是，现在我们都是低着头走路，忙碌地穿梭于人世，观察着各色人等，哪有闲情逸致仰望星空呢？

今天看到这个孩子写的诗，我一下子又回到了小时候。夜空对于那时的我来说就是一个葡萄架，那一颗颗晶莹的葡萄开启了我童年所有的幻想。我当时也像小作者那样用手在空中挥舞着，妄图抓住一颗星星。

而作者比我更加痴迷，她甚至不但想抓住星星，还把它们当作美味，吃进嘴里。对于美好的事物，人类会从审美的角度和它保持距离，但又受欲望的驱使想要将其占有。把星星吃了，这个办法真好！也许小作者会成为中国的斯皮尔伯格也说不定！

从这首诗中，我读出了孩子最真实的体验，我也读出了一万个读者心中的那其中一个哈姆雷特，就是自我。

康德说：“世界上有两件东西能够深深地震撼人们的心灵，一件是我们心中崇高的道德准则，另一件是我们头顶上灿烂的星空。”这句话也可以这样理解，只有那些久久仰望星空的人，才会拥有崇高的道德准则。

点评人：代光磊（诗人，教师）

高个子和矮个子[①]

□陈妍蓁（9 岁）

马路上
我看见两个阿姨并排走着
一个高个子
一个矮个子
高个子阿姨穿着平底鞋
矮个子阿姨穿着高跟鞋
可是她们的差距还是大啊

高个子依然是高个子
矮个子依然是矮个子

作品点评 1：很难想象这首诗出自一个孩子之手。看似只是一个生活场景的呈现，马路上的两个女人，并排着走路。但小诗人以锐利

①作品获得 2017 年小诗人奖；作品被百度文库作为课稿范文收录。

的眼光观察她们,发现生活的细节,矮个子的阿姨为了弥补自己的身高劣势穿着高跟鞋,但是她穿了高跟鞋还是没有穿平底鞋的阿姨高。“高个子依然是高个子 / 矮个子依然是矮个子。”这是一个客观事实的描述,同时也颇有些无奈之感。

全诗唯一一处表现作者主观态度的地方就是“可是她们的差距还是大啊”,但这句仍然是对客观事实的陈述。诗人冷静沉着的写作态度,是这首诗成功的关键。这首诗让我想起陕西青年诗人王磊的名作《修鞋的女人》,那个修鞋的女人无论怎么努力,都弥补不了自己命里矮下去的那一截。而此诗中的矮个子阿姨,与那个修鞋的女人,有什么区别呢?

点评人:高短短(诗人,大学生)

作品点评 2:诗意是从生活中发现的,小诗人的敏锐和独特视角,既体现了童趣,又有深刻的哲理。这首诗普通的语言里含有极大的张力,我为这首诗点赞!

点评人:池沫树(诗人,儿童文学作家,曾获冰心儿童文学奖,主编《小不点儿童诗歌报》杂志)

一颗想睡觉的露珠[1]

□陈妍蓁(9岁)

一颗可怜的小露珠
整天奔跑在花叶中
它累了
想睡觉了

露珠睡在花妈妈的怀抱里
谁又会想到
昨晚
一只干渴的老鼠
把露珠抱走了

节日[2]

□陈妍蓁(9岁)

儿童节
我最喜欢
甜甜的糖
是我
坐着口水大巴
到肚子世界
环游

①作品发表在国家级儿童期刊《儿童文学》2020年第1期。
② 2015年广东省小学生诗歌节现场创作总决赛一等奖作品。

爷爷的生日[①]

□陈妍蓁（10岁）

我不喜欢这节音乐课
真的
他们每唱这首歌
我就不开心

他们唱着
“爷爷的生日”歌
他们唱得高兴
我却听得趴在桌子上哭

我不喜欢这节音乐课
真的
他们有爷爷真幸福
我的爷爷却睡在墓园的一个小盒子里

①作品被评为2017广东小学生诗歌节“优秀好作品”，发表在《中国少年文摘》。

童心里的诗篇

——金珠小学妍蓁童心诗社孩子们的诗

小船

□汤梓阳（二年级）

小船你浮在水面上
有一个孩子躺在你的身上
你像他的摇篮
你轻轻地摇啊摇
孩子在你的身上睡着了

当你小声嬉笑
你惊醒了孩子
孩子坐起来
摆摆头
翻了个身子又睡着了

作品点评：小船就像我们的妈妈一样，当我们累了困了，只想静静地躺在她的怀里，听她轻轻地唱一首摇篮曲，真安全真舒服。

点评人：陈妍蓁（金珠小学妍蓁童心诗社社长）

画脸

□许键（二年级）

我画笑脸
我画哭脸
我高兴时会有笑脸
我悲伤时会有哭脸

作品点评：就让我们简简单单纯纯粹粹地做个小孩，高兴就笑，伤心就哭，不必带上假装的面具。

点评人：陈妍蓁（金珠小学妍蓁童心诗社社长）

有时我不想当个好学生

□郑沛汶（二年级）

有时我不想当个好学生
为什么
因为犯了错误时
就会被老师
“大骂”一通
也会被同学
“笑话”一通
所以
我有时就不想当个好学生了

作品点评：我带的弟弟妹妹性格都像我，真实率真，我经常不当好学生好孩子，何必迎合别人，做真实的自己就好。

点评人：陈妍蓁（金珠小学妍蓁童心诗社社长）

雨天

□黄恺琦 （三年级）

马路上的共享单车都在淋雨
小黄单车的眼睛像在哭
它看着我
我看看它
多想把它骑回家

作品点评：记得一位作家说过，写诗需要童心爱心，有爱心写出来的诗都挺动人。

点评人：陈妍蓁（金珠小学妍蓁童心诗社社长）

与秋风来一场赛跑

□郑峻轩（二年级）

与秋风来一场赛跑
只要我躺在秋风上
让它重得掉下去
或者
我放一个屁把它熏倒
我就能赢得这场比赛

作品点评：这首诗如果放在别人眼里，早就被“枪毙”掉了，但我一直很喜欢，有趣的灵魂总能逗得你会心一笑，是个孩子，就该保留童真自由的天性。

点评人：陈妍蓁（金珠小学妍蓁童心诗社社长）

星期六的晚上我是魔术师

□吴献乐（三年级）

我要把天上的
月亮 星星 白云和天空搅拌在一起

做成一张洁白的床单和棉被

星期六晚上
我睡在床单上
身上盖着棉被

床单一摇一晃
把我的作业都摇晃掉了
送给别人

星期天起来一看
啊
没作业了
又可以玩了

作品点评：魔术师，快帮帮我，我也想有一张能摇晃掉作业的床单。

点评人：陈妍蓁（金珠小学妍蓁童心诗社社长）

迷路

□佘雪昀（二年级）

向日葵起床了
她睁开眼睛
发现没有太阳
向日葵该面向哪儿呢？
东？西？南？北？
她找不到方向
看来她迷路了

作品点评：人生路上，我们有时也会像找不到太阳的向日葵一样迷失了方向，该怎么办呢？

点评人：陈妍蓁（金珠小学妍蓁童心诗社社长）

钢琴的牙齿

□吕佩萱（四年级）

钢琴有许多蛀牙
轻轻一按
它就疼得尖叫

作品点评：我就说嘛，妍蓁童心诗社的孩子总是会与别人不一样，不一样的思维、不一样的视觉、不一样的表达、不一样的童诗、点赞！我不喜欢千篇一律的东西，童诗更是如此。

点评人：陈妍蓁（金珠小学妍蓁童心诗社社长）

叶宝宝

□唐沛霖（四年级）

真可怜

淘气得
被树妈妈
踢了出来

作品点评：世间万物皆有灵性皆可入诗，多用童心观察，就能写出好诗，我喜欢诗社的每一位弟弟妹妹，他们每个人都是唯一的。

点评人：陈妍蓁（金珠小学妍蓁童心诗社社长）

水壶

□唐沛霖（四年级）

好无聊
水壶想
下次必须
装点火

作品点评：哈哈，装水的水壶用来装火，肯定会发生有趣的事情。相信我，这个点评我是用脚写的。

点评人：陈妍蓁（金珠小学妍蓁童心诗社社长）

不要叫醒我

□李淳颖（三年级）

起床后
我打开水龙头
水龙头就
哇哇大哭了

作品点评：好看的皮囊千篇一律，有趣的灵魂独一无二。

点评人：陈妍蓁（金珠小学妍蓁童心诗社社长）

本子

□杨茜淇（二年级）

本子想
下次我一定要倒过来
这样
主人写完作业要上交时
就会很有趣了

作品点评：本子是个坏坏的小姑娘，坏得可爱！

点评人：陈妍蓁（金珠小学妍蓁童心诗社社长）

发卡

□陈思谨（二年级）

每天都被你们挂在头上
有时掉下来
疼死了

作品点评：发卡还说："要多疼爱我，不然我以后摔下去就不回来了。"

点评人：陈妍蓁（金珠小学妍蓁童心诗社社长）

生气

□林欣潼（三年级）

前年的冬天，南方没有雪
我好难过

去年的冬天，南方没有雪
我好伤心
今年的冬天，南方没有雪
我好生气
冬天
我对你，再也忍无可忍了！

作品点评：悄悄地告诉你，雪肯定是带着梦想，飘落到不同地方，实现了自己不一样的梦想。

点评人：陈妍蓁（金珠小学妍蓁童心诗社社长）

天降美食

□林凯薇（四年级）

哎呀！
叶子们在紧急开会
原来听女神说
今天有从天而降的美食

时间到啦
阳光从云朵上撒下来
叶子们争先恐后地张开口
好香啊
叶子吃得饱饱的
全身冒着金光

作品点评：很好，不一样的美食——阳光。

点评人：陈妍蓁（金珠小学妍蓁童心诗社社长）

童心抒梦

——金珠小学教育集团儿童诗选粹

调皮的阳光

□郭钇溱（一年级）

□宋洁倩（指导老师）

早晨
阳光跑进我的房间
爬到我的床上
轻轻地叫我起床

上学路上
阳光和我一起背着书包
肩并肩走向学校

上课时间
阳光偷偷地趴在教室的窗户上
和我们一起听老师讲课

课间休息
阳光跑到操场上
和我们一起做操、玩游戏

放学后
阳光悄悄地跟在我的身后
送我回家

傍晚
我想和阳光一起玩
阳光说
他累了
要回家睡觉了

草莓

□王　博（一年级）

□宋洁倩（指导老师）

我是一颗小草莓，
身穿绿衣裳，
头戴小绿帽。
长在低低的地上，
闻着泥土的芳香。

太阳出来了，
我开心地笑了，
我的笑脸也变得越来越红了！

伤心的草莓

□李伊琳（一年级）
□宋洁倩（指导老师）

草莓
绿绿的头发
红红的脸蛋
她对着我笑
我觉得她很可爱
忍不住咬了一口
她伤心地流泪了
眼泪红红的

草莓的衣服

□陈洛宣（一年级）
□彭　琳（指导老师）

草莓穿着红衣服，戴着绿帽子。
可是她每天都穿着这衣服，
我问她，
这衣服不用洗吗？
草莓说，
这衣服太漂亮了，
我很喜欢，不想换掉。

花瓣飘

□赵梓琳（一年级）
□彭　琳（指导老师）

春风吹，
花瓣落，
随风飘。

飘呀飘，
飘到天鹅的身边，
它把花瓣做成多彩的花环。

飘呀飘，
飘到燕子的身边，
它把花瓣做成漂亮的衣裳。

飘呀飘，
飘到我的身边，
我把花瓣做成美丽的项链，
献给我们伟大的祖国妈妈。

鸟会飞

□洪楷晔（一年级）

□林　霓（指导老师）

鸟会飞，
年年来，
荒山人惊鸟，
飞来又飞去。
鸟会飞，
飞来不飞去。
清风鸣翠柳，
人来鸟不飞。

我想……

□吴彦其（一年级）

□陈淑嬿（指导老师）

我想踏上彩虹梯，
去见漂亮的仙子。

我想成为一位仙子，
去看看精彩的世界。

我还想要一捆气球，
乘着气球飞上天，
去找嫦娥和白兔玩。

我想

□郭诗彤（一年级）

□宋洁倩（指导老师）

妈妈的头发长又长
我想变小
在妈妈的头发里荡秋千

妈妈的眼睛又大又亮
我想爬到妈妈的眼睛里玩耍

妈妈的双手能干又纤长
我想变小
坐在妈妈的手心里陪妈妈一起看电视

风

□陈怡霖（一年级）

□朱晓纯（指导老师）

一丝凉凉的风
从我耳边里吹过
进入我的心脾
一丝暖暖的风
从我脸上拂过
温暖我的心房
一丝柔柔的风
吹过我的床边
我很快就进入了甜甜的梦乡

彩 虹

□李孜逸（一年级）
□林　霓（指导老师）

我想画一道彩虹去昆明，
看一看石林，
像剑，像手指，像飞舞的龙，
阿诗玛可勤劳呢！

我想画一道彩虹去珠海，
玩一玩长隆，
英雄岛，马戏团，海洋王国，
马戏团的演员可累了呢！

我想画一道彩虹去杭州，
尝一尝东坡肉，
滑，嫩，香，
苏轼可聪明了呢！

我想画一道彩虹去北京，
见一见升旗仪式，
响亮，壮观，鲜红，
祖国人民可伟大了呢！

我想，
认真学习才能实现美好的梦想啊！

我的书

□陈润林（一年级）
□吴晓佳（指导老师）

我的书有大的、小的、好看的、有趣的。

今天，我要看书。
我要看哪一本？
大的？ 小的？
好看的？有趣的？
最后，我看了一本好看的故事书。

美丽的梦

□沈　晴（一年级）
□陈淑嬿（指导老师）

每个人都有梦，
我也有一个美丽的梦。
为了中国更美好，
传承中华好美德。
尊师长，爱幼小，
讲卫生，懂礼貌，
倡节俭，爱学习。
我们是祖国的未来，
祖国的建设靠我们，
实际行动从今起，
一天更比一天强！

四季的昆虫

□吴彦其（一年级）

□陈淑嫵（指导老师）

春天，百花齐放，蜜蜂采蜜忙；
夏天，烈日炎炎，知了叫得欢；
秋天，硕果累累，蚂蚁藏食粮；
冬天，冰天雪地，虫儿休眠啦。

一只小蝙蝠的告白

□姚　霖（一年级）

□陈静莉（指导老师）

我是一只小蝙蝠，
我们已经在地球上生活了许多年。
虽然我们经常一大群飞来飞去，
看上去很凶猛、很可怕，
但是，
我们其实很胆小。
在声波的帮助下，
我一定不会撞到你们的。

不过，
如果我迷路，
不小心闯到你们家，
你们可以打开窗户，
让我尽快离开。
别忘了，
我停留过的地方，
都要消毒哦，
因为我们身上有100多种病毒呢！

可是，
最近你们都很讨厌我。
因为你们说，
你们人类的冠状病毒，
是因我而起。
但是，
我们可从来没这么做过。
是你们，
从山林里，
从洞穴中，
抓走了我的亲人们，
才让我们身上的病毒，
传播出去。

如果，
你们能够让我们安安静静地，
生活在我们家里。
我想，
我们身上的病毒，
一定不会有机会，
出去做坏事的！

答应我，
我们保持距离，
好吗？

找春天

□张若萱（一年级）

□陈静莉（指导老师）

妈妈说：春天来啦，我们一起去找春天。

我开心极了，可是怎么找呢?

妈妈说：你看，春天在柳树上呀。

原来，春天在燕子的翅膀上；

原来，春天在桃花的枝头上；

原来，春天在小溪的叮咚里；

原来，春天在我们的笑声里；

我说：妈妈，春天在我们的眼睛里，在我们的心里。

春雨

□刘坤刚（二年级）

□陈静莉（指导老师）

沙沙沙，绿了草。

沙沙沙，红了花。

沙沙沙，蓝了天。

她在草地上歌唱。

她在花丛中起舞。

她在小河里游泳。

她和朋友们玩得太开心啦!

春风

□郑 理（二年级）

□陈静莉（指导老师）

小草说，咦，我怎么变绿了?

柳条说，呀，谁为我梳头了?

笋芽说，啊，妈妈为我穿衣!

青蛙说，呱，是谁把我吵醒?

大雁说，朋友们，我回来啦!

大地说，真美啊！春风姑娘帮我染成绚丽多彩的世界!

风娃娃

□丛美淇（二年级）

□陈静莉（指导老师）

哎呀，我的帽子呢，我的衣服呢；

怎么风筝的线又断了；

树枝弯了腰；

都怪淘气的风娃娃；

风妈妈赶紧提醒风娃娃；

风车慢悠悠地转动起来，秧苗喝足水了；

乌云灰溜溜地走了，雾也悄悄地躲起来了；

迎着凉爽的风，人们都舒服地笑了；

这肯定是乖巧的风娃娃。

春之景

□周泽彬（二年级）

□许　媄（指导老师）

春日之晨风景美，
三月迎春花绽放。
四月玫瑰别样红，
转眼之间六月到。

雨

□李炳华（二年级）

□孙玲珍（指导老师）

2020 年，湖北武汉
一场暴风骤雨
把街上的人们吹打得四处逃窜
习爷爷一声号令
一群群白衣天使从天而降
雨停了
太阳出来了
一道彩虹挂在天边
街道上，一个人，两个人
三个人……
又恢复了往日的热闹与祥和

你我他

□王轶童（二年级）

□谢少冰（指导老师）

你，
是妈妈，
是太阳，
给予温暖和阳光。

我，
是娃娃，
是花朵，
给予温馨和希望。

他，
是爸爸，
是月亮，
给予温情和方向。

你我他，
是一家，
手牵手，
共生活，
幸福人儿乐哈哈。

我有一双雨鞋

□谢钰涵（二年级）
□陈佳丽（指导老师）

我有一双雨鞋，
我喜爱极了！
它有像雪花般的斑点，
鞋面上是小兔子的脸。
它有一双大大的眼睛，红红的鼻子，两边有一对胡须，一个三瓣嘴儿。
雨鞋上面还有两个小提手，
它可爱极了！
自从有了它，我天天期盼着老天下雨！

风娃娃

□朱昱骐（二年级）
□赖瑛瑛（指导老师）

秋天到了
风娃娃背上背包
戴上帽子
快快乐乐去旅行
来到森林
她用小手轻轻一点
树叶变黄了
来到果园
她用袖子轻轻一拂
果子变甜了
来到高山上
她轻轻吹口气
天气变凉了

“啦啦啦”和“沙沙沙”

□周梓琳（二年级）
□赖瑛瑛（指导老师）

我在树下唱歌
啦啦啦，啦啦啦
一阵风儿吹过
沙沙沙，沙沙沙
原来
树叶儿正在学我唱歌呢

云

□郑　涛（二年级）
□赖瑛瑛（指导老师）

我想变成一朵云
又大又白
住在蓝天里
和风哥哥赛跑
为太阳公公和月亮婆婆披上面纱
和兄弟姐妹们聚在一起

变成雨滴落到池塘里
送给鱼儿一个温暖的家

风娃娃

□吴思僮（二年级）
□赖瑛瑛（指导老师）

谁也没有看见过风，
风车转动起来，
我们就知道风娃娃来玩游戏了。

谁也没有看见过风，
小草跳起舞来了，
我们就知道风娃娃来唱歌了。

谁也没有看见过风，
水面漾起波纹了，
我们就知道风娃娃来画画了。

请勿打扰

□郑润霖 （二年级）
□赖瑛瑛（指导老师）

妈妈催我起床，
我躺在被窝里，
就像一只小小熊。
喃喃地自语：
“冬眠时间到了，
请勿打扰！”

爸爸叫我练舞蹈，
我蜷在沙发上，
就像一条小小蛇。
喃喃地自语：
“冬眠时间到了，
请勿打扰！”

外婆喊我去吃饭，
我趴在餐桌上，
就像一只小青蛙。
妈妈说：
“冬眠时间到了，
请勿打扰！”

我连忙说：
“呱呱呱，
冬眠结束了
我要吃饭啦！”

风

□陈思涵 （二年级）
□赖瑛瑛（指导老师）

谁也没有见过风，
更别说我和你了。

不过到了春天，
花草长了，
蝴蝶飞了，
是春风在呼唤它们吗？

谁也没有见过风，
更别说你和我了。
不过到了秋天，
果子一个个在树上荡秋千，
是秋风在摇晃它们吗？

我们去秋游

□徐冬菲（二年级）
□赖瑛瑛（指导老师）

我们去秋游
树叶黄黄
树荫底下分享香喷喷的午饭

我们去秋游
河水清清
亲水长廊上陪水中的鱼儿徜徉

我们去秋游
天空蓝蓝
绿草坪上扑扇着翅膀学小鸟飞翔

西边的太阳

□许尔轩（二年级）
□赖瑛瑛（指导老师）

西边的太阳就要落山了，
衣服还没晒干呢！
太阳，太阳！
请把衣服晒干再下山吧！

四季的风

□纪锶恩（二年级）
□赖瑛瑛（指导老师）

谁见过春天的风？
当柳树秀出嫩嫩的小芽，
那就是春风从枝头掠过。

谁见过夏天的风？
当窗外的荷香氤氲弥漫，
那就是夏风从它身旁走过。

谁见过秋天的风？
当落叶如金币般纷飞飘落，
那就是秋风从它身边吹过。

谁见过冬天的风？
当松针上堆着层层白雪，
那就是冷飕飕的冬风刮过。

夏天的声音

□朱俊羽（二年级）
□赖瑛瑛（指导老师）

夜幕降临，
听听，
草丛里：
“啾啾，啾啾……”
那是
蟋蟀在唱歌。

夜风徐徐，
听听，
池塘边：
“呱呱，呱呱……”
那是
青蛙在听妈妈讲故事。

秋天

□黄筱婷（二年级）
□赖瑛瑛（指导老师）

秋天，
是一位魔术师。
它把枫叶变红了，
它把稻子变黄了，
它把桂花变香了。

秋天，
是一位音乐家。
秋雨淅沥沥，
秋叶沙啦啦，
秋虫啾啾啾

秋天，
是一位快递员，
它把红红的枫叶送给南飞的大雁，
它把香脆的松果送给忙碌的松鼠，
它把金黄的稻子送给勤劳的农民。

咚咚咚

□韦昕霖（二年级）
□赖瑛瑛（指导老师）

妈妈下班敲门
咚咚咚。
爸爸下班敲门
咚咚咚。
我蹦跳着去开门，
咚咚咚咚，咚咚咚！

长颈鹿

□江柏达（二年级）
□赖瑛瑛（指导老师）

长颈鹿
长颈鹿
让我量量你的脖子
要是给你织一条围巾
该有多长啊

长颈鹿
长颈鹿
让我量一量你的腿
要是为你缝一条裤子
一定很长很长

长长的围巾织好了
长长的裤子缝好了
送给长颈鹿
暖暖和和好过冬

老虎

□陈铄浠（二年级）
□赖瑛瑛（指导老师）

老虎，老虎，
我想给你送个大口罩，
还有一碗热汤圆。
冷了，
戴上口罩吧，
别冻伤了嘴。
饿了，
就喝汤圆吧，
别去伤害小动物。

海洋书店

□陈思瑾（二年级）
□许　媄（指导老师）

海洋书店里
藏着许许多多的贝壳
贝壳里
写着许许多多的故事

鱼儿们游过来
找到最喜欢的那枚贝壳
咕嘟
咕嘟
吐出一串串欢乐的泡泡

雨伞花开

□姜宁远（二年级）
□许 媄（指导老师）

淅沥沥
下小雨了
哗啦啦
雨下大啦
我坐在窗前
望着窗外数着
一二三四五六七……
五颜六色的雨伞花盛开啦

春天

□黄梓淇（二年级）
□许 媄（指导老师）

春雨沙沙地下着
窗外的柳树
被春雨染绿了
啊
春天来了
池塘里呱呱声，
那是青蛙的报春宣言吗
树上啾啾声，
那是小鸟迎接春天的低吟浅唱吗？
柳条儿在空中飞舞，
那是柳树姑娘在向春天招手吗？
啊
春天真的来啦

春娃娃是个忠实的小闹钟

□林晓慧（三年级）
□纪镁铧（指导老师）

春天到！
春天到！
春娃娃是个忠实的小闹钟。
叫醒沉睡的小池塘，
叫醒小花和小草，
叫醒松鼠和小熊……
快起床！
快起床！
春天到了！
春天到了！

假如我变成了百科全书

□任思齐（三年级）
□纪镁铧（指导老师）

假如我变成了百科全书，
我就能在一次次考试中
捧回一个个 100 分……

假如我变成了百科全书，
我就能在课间
为同学讲丹麦的安徒生童话，
讲日本的寿司和俄罗斯的打猎奇闻……

假如我变成了百科全书，
我就能……

白云是只小懒虫

□张锶妍（三年级）
□纪镁铧（指导老师）

天上的白云
是只小懒虫
风儿不催它
它就停下脚步一动不动
风儿轻轻吹
它就慢慢悠悠向前挪
风儿鼓起腮帮用力吹
它就连忙往前跑
生怕风儿一转向
它就得回到原点

白纸和画笔

□黄斯彦（三年级）
□纪镁铧（指导老师）

画笔喜欢白纸
成天在白纸身上涂涂画画
白纸讨厌画笔
因为画笔常常让它遍体鳞伤

但是，
如果离开了画笔
白纸上就没了美丽的图案
如果离开了白纸
画笔只能是原来的丑模样

草地

□石锐林（三年级）
□纪镁铧（指导老师）

春天的草地，
是蜜蜂和蝴蝶的乐园。
夏天的草地，
是收集热量的太阳能板。
秋天的草地，
是虫子们的温床。
冬天的草地，
是西北风的操场。

四季的河流

□邹昕芃（三年级）

□纪镁铧（指导老师）

春天的河流苏醒了
是春姑娘往河里倒满了温暖

夏天的河流奔腾不息
是夏姑娘一路为她弹琴

秋天的河流清冽甘甜
是秋婆婆把各种果汁送给了她

冬天的河流睡得那么香甜
是冬爷爷把厚厚的棉花被送给了她

假如我是一棵玉兰树

□洪嘉苗（三年级）

□纪镁铧（指导老师）

假如我是一棵玉兰树，
我要长在患病的孩子窗前，
茂密的枝叶在窗前舒展，
送他一窗生机和希望。

假如我是一棵玉兰树，
我要长在老师的窗前，
让好闻的花香飘进老师的家里，
消除老师一天的疲劳。

假若我变成了云

□周子明（三年级）

□纪镁铧（指导老师）

假若我变成了云，
就要环游世界，
赏很多很多的美景，
听许许多多的奇事。

还要交朋友，
和他们玩耍，
跟他们嬉戏。

更要逗人开心，
不然，
变成了云也不高兴。

冷空气

□黄斯彦（三年级）

□纪镁铧（指导老师）

不像风儿呼天喊地吹，
不像雨儿敲锣打鼓下，

不像冰雹粗暴无礼打，
不像阳光热情洋溢照，
不像雪花婀娜多姿飘。
它无声无息地来，
却让人们都穿上了大棉袄。

今天晚上，
它又悄悄溜出来和我玩捉迷藏，
我躲进被暖暖的窝里，
让它永远找不着。

龙湖沟畔

□洪嘉珣（三年级）
□纪镁铧（指导老师）

龙湖沟畔好地方
就像我的宫殿
亭子、石堤为我而建
小草、树木为我而长
美丽的景色为我而生
我是这里——
独一无二的小女王。

时间是个小闹钟

□陈伊洵（三年级）
□纪镁铧（指导老师）

时间是个小闹钟。
早上，
你见到它，
它会告诉你该上学了！
中午，
你见到它，
它会告诉你该吃午饭了！
下午，
你见到它，
它会告诉你该写作业了！

叶子的春夏秋冬

□郑一彤（三年级）
□纪镁铧（指导老师）

春天的叶子，
是虫儿躲雨的好地方。
夏天的叶子，
是蝴蝶的舞台。
秋天的叶子，
是蚂蚁的运动场。
冬天的叶子，
是大地的被子。

早晨

□陈佳欣（三年级）
□陈怡颖（指导老师）

太阳醒了
树木和花草醒了
大人们忙碌起来了
小鸟出来觅食了
猫头鹰回窝睡觉了
小朋友们背起书包上学了
新的一天开始了

小猫咪

□纪怡帆（三年级）
□纪少芬（指导老师）

可爱的小猫咪，
长着一双锋利的爪子，
在夜里捉老鼠，
在池塘边捉小鱼。

调皮的小猫咪，
总是在椅子上蹦来跳去，
把我们新买的衣裳抓破。

懒惰的小猫咪，
总是吃了就睡，睡醒就吃。
瞧，
刚喝完牛奶的它，
又在温暖的被窝里
睡着了。

我们的节日

□陈美珺（三年级）
□魏　菲（指导老师）

盼望着，盼望着
我们又走进了美丽的校园
开心着，开心着
我们又迎来了欢乐的六一

这里是欢乐的海洋
这里是幸福的乐园
我们像百灵鸟放声歌唱
我们像蝴蝶翩翩起舞
五彩的画笔
画出童年的梦想
五线谱上的音符
奏响爱的乐章

我们是初升的太阳
用生命点燃未来
我们是自由的小鸟
飞向祖国灿烂的明天

喜迎开学

□陈丽玮（三年级）
□魏　菲（指导老师）

盼望着，汕头亚青会渐渐近了
我们城市的市容市貌变漂亮了
你看
戴红帽子、披红绶带的志愿者越来越多
路口威严的警察叔叔越来越常见
他们和行人组成一幅美丽和谐的街景

开心着，我们终于开学了
我们的校园更安全温暖了
你看
学校门口测体温的白衣天使
醒目的指示牌通道
亲爱的老师脸上露出久违的微笑
小朋友们有序重返校园

树

□陈淑萍（三年级）
□魏　菲（指导老师）

春天的树，
是鸟儿温暖的家。
夏天的树，
是蝉儿们唱歌的舞台。
秋天的树，
是水果们交流的平台。
冬天的树，
是风儿赛跑的运动场。

复课上学第一天

□刘彦楷（三年级）
□纪少芬（指导老师）

灿烂笑容，
我们与树叶都拥抱温暖的阳光；
漫步校园，
我们与小鸟都欢唱美妙的歌谣。
倾盆大雨，
我们与天地都涌流激动的泪水；
闪电雷鸣，
我们与闹钟都赶走噩梦的黑夜。
五颜六色，
我们与蘑菇都撑起多彩的雨伞；
勃勃生机，
我们与树苗都汲取甜美的营养。
遨游太空，
我们与雄鹰都排队安检的机舱；
步伐豪迈，
我们与小鹿都赶上美好的时代。

爸爸的鼾声

□钟佳翊（三年级）
□纪少芬（指导老师）

爸爸的鼾声，
像什么呢？
呼噜噜，呼噜噜，
像一只可爱的小猪。

爸爸的鼾声，
像什么呢？
轰隆隆，轰隆隆，
像火车过山洞。

爸爸的鼾声，
像什么呢？
咕噜噜，咕噜噜，
像我在漱口。

生活的味道

□江欣怡（三年级）
□魏　菲（指导老师）

弟弟说，生活是甜的，
每天有吃不完的美食和玩不完的玩具。
妈妈说，生活是苦的，
每天有干不完的活和操不完的心。
爸爸说，生活是酸的，
每天有应不完的酬和开不完的会。
我说，生活是多彩的，
每天有听不完的故事和学不完的知识。

开学了

□王志霖（三年级）
□陈香琴（指导老师）

开学了，
我高兴极了，
背着书包一蹦一跳地上学去。
太阳笑眯眯地看着我，
云儿向我挥挥手，
鸟儿对我唱着歌。

开学了，
我高兴极了，
终于见到敬爱的老师和亲爱的同学们，
校园里的树长高了，
花儿绽开了笑脸，
多么美丽的校园啊！

我要向抗疫英雄致敬！
我想对校园说：
校园我爱你，我们回来啦！

大海睡了

□麦博润（三年级）
□魏　菲（指导老师）

夜深了，
风儿不闹了，
海浪不笑了，
鱼儿也不玩耍了，
大海乐了！
终于——
它可以睡个安稳觉了。

中国梦

□魏煜祺（三年级）
□魏　菲（指导老师）

什么是中国梦？

爸爸说：“中国梦，就像泰山那么巍峨。”

妈妈说：“中国梦，就像长江一样奔流不息。”

哥哥说：“中国梦，就像阳光那么温暖。”

姐姐说：“中国梦，就像糖果一样香甜。”

我明白了，中国梦，是我们中国人共同的梦，我们要好好学习，为实现伟大的中国梦而努力奋斗！

想飞的叶子

□吕佩萱（四年级）
□宋洁倩（指导老师）

在一棵树上
住着一片想飞的叶子
它离开大树
飞到半空中
才发现
自己没有翅膀

我把眼睛装哪儿

□谢至璁（四年级）
□宋洁倩（指导老师）

我把眼睛装哪儿？
噢！
我要装在绿叶上，
可惜，这行不通。
因为绿叶一旦随风舞动，
我的眼睛就摔坏了。

我把眼睛装哪儿？

噢！
我要装在蒲公英上，
可惜，这行不通。
因为蒲公英一旦调皮飞翔，
我的眼睛就被风吹瞎了。

我把眼睛装哪儿？
噢！
我要装在楼梯扶手上，
可惜，这行不通。
因为人们一旦发现我，
我的眼睛就会进垃圾桶了。

唉！
我到底该把眼睛
装在哪儿啊！
算了，还是老老实实
装在脸上吧！

床的梦想

□林凯薇（四年级）
□宋洁倩（指导老师）

夜晚
我入了梦乡
床陪着我
诉说着它的小梦想
床说
我不想打扮得太花哨
我想变成一顶墨绿的帐篷
到世界各地去玩耍
看森林
观瀑布
和鸟儿说说话

我说
床呀
你还是做个安分的小姐吧
别做流浪的姑娘

调皮的月亮

□宋可涵（四年级）
□朱晓纯（指导老师）

天上有一个调皮的月亮，
一会儿圆嘟嘟的，
像个大玉盘；
一会儿变成一把弯弯的镰刀。

咦？
另一半去哪了呢？
哦！
原来云朵正和它玩变脸游戏呢。

海底世界

□曾诗妍（四年级）
□朱晓纯（指导老师）

海底
是一个怎样的世界呢？

看！
一群群小丑鱼
在珊瑚丛中躲猫猫；

瞧！
一颗颗海星
在深深的海底蹁跹起舞。

看那儿
一个个晶莹的小“灯笼”
在漆黑的海底逆流而上，
那是水母姑娘为点亮的明灯。

啊！
海底是一个神奇的世界。

心愿

□刘　可（四年级）
□朱晓纯（指导老师）

小时候，
我的心愿是——
有一双能听懂世界万物语言的耳朵，
有一张能与世界万物交流的嘴巴。

长大后，
我的心愿是——
当一名教师，
为祖国的花朵施知识的肥料。
为祖国的花朵灌溉希望的清泉。

未来，
我的心愿是——
努力工作快乐生活，
成为最好的自己！

我家是棵苹果树

□陈启烁（四年级）
□朱晓纯（指导老师）

我家是棵高大茂盛的苹果树。
爷爷是古老的树根，
奶奶是肥沃的土壤，
爸爸是粗壮的树干，
妈妈是茂盛的树叶，
我是树上那颗最大最红的苹果。

雨

□蔡思録（四年级）
□朱晓纯（指导老师）

雨
晶莹剔透
它是叶子的生命之源

雨
调皮好动
它是云朵派来的使者

雨
澄澈透明
它是鱼儿们的水晶宫

猫的幻想

□林镜泓（四年级）
□朱晓纯（指导老师）

大雁高飞，
大鹏展翅，
猫也想飞上天空，
变成麻雀，
变成信鸽，
哪怕变成一片白云，
也要去瞧一瞧，
天空到底有多美丽。

祖国

□董蔓铌（四年级）
□吴　芸（指导老师）

祖国啊！
你是我心中的花朵，
在每一个角落，开放着，
激励着我追逐心中的梦想。

如果我是一朵花

□詹淇乐（四年级）
□朱晓纯（指导老师）

如果我是一朵花，
我愿开在草地上，
给绿草地增添绚丽的色彩。

如果我是一朵花，
我愿开在公园里，
给人们送去欢乐和美好。

如果我是一朵花，
我愿开在妈妈的脸上，
让妈妈笑颜如花更漂亮。

追梦人

□周怡雪（四年级）
□吴　芸（指导老师）

我们是一株娇嫩的幼苗，
倚在泥土妈妈柔软的怀抱，
沐浴着明媚的阳光，
涤荡着清凉的泉水，
茁壮成长。

我们是一轮初升的太阳，
大山妈妈是小小的摇篮，
天空爸爸是辽阔的训练场，
让我们在这儿，
练好本领，
向全世界人民，
展现中华的蓬勃生机。

我们都是追梦人，
迈着坚定的步伐，
去追寻一个辉煌的梦，
永不彷徨。

童年

□林烨锐（四年级）
□吴　芸（指导老师）

童年就像一阵风，
短暂地拂过你的脸颊。

童年就像废弃的笔，
用完随意丢弃，
却留下不可磨灭的印迹。

童年就像滴滴答答的下雨天，
一阵清凉过后的天晴。

童年的时光短暂且美好，
多彩且绚丽。

童年

□陈锐鹏（四年级）
□吴　芸（指导老师）

童年啊，
欢声笑语，
是快活的。

童年啊，
无忧无虑，
是美好的。

童年啊，
五彩缤纷，
是有趣的。
童年啊，
是美好的回忆。

童心抒童诗，共筑中国梦

□陈嘉铌（四年级）

□吴　芸（指导老师）

遥望历史长河，
曾经辉煌灿烂，举世瞩目，
四大发明，闻名世界，
开启了人类文明的第一航程。

天骄之子，弯弓搭箭，笑谈渴饮世界，
唐宗宋祖，康熙乾隆，盛世看中华。

历史在腐败奢靡中扭转，
中华在鸦片中呻吟，
列强的洋枪弹炮敲开了您的大门，
屈辱写满了您的脸庞。

辛亥的光芒闪耀大地，
嘉兴湖畔亮光照神州，
星星之火，
燎原中华。

十月的礼炮，
让您告别苦难。
您从此站起来，
如一头刚睡醒的雄狮，
屹立于世界东方。

书包

□张国熙（四年级）

□吴　芸（指导老师）

我的书包，
很大很大，
装得下许多教科书，
却装不下我最爱的漫画。

我的书包，
很沉很沉，
装满了爸妈的希望，
装满了老师的教诲，
却装不下我想玩一会儿的小小愿望。

一杯爱的奶茶

□吴献乐（四年级）

□陈清云（指导老师）

用一个干净透亮的玻璃杯
加入潮汕特有的草粿
加入水晶般的碎冰

白砂糖炒过的红茶
加入牛奶熬制成奶茶
倒入杯中
就是
一杯冰镇烧仙草焦糖奶茶

妈妈把我的作品晒到朋友圈
就成了一杯爱的奶茶
呵呵

如果我会变

□余冠铭（四年级）
□吴　芸（指导老师）

如果我会变，
我想变成一只和平鸽。
敲响战争的丧钟，
让和平的光芒照耀四方。

如果我会变，
我想变成一位护林工。
日夜守护广袤的森林，
让森林成为动物们幸福的家园。

如果我会变，
我还想变成一条小溪。
和欢乐的小鱼儿嬉戏，
一起汇入辽阔的大海。

如果我会变，
我最想变成一朵云。
自由飘浮在天空，
让太阳成为我的朋友！

中国梦

□李佳明（四年级）
□吴　芸（指导老师）

中国科技发展快，
载人飞船上太空。
航天事业航天梦，
感到祖国真强大。
我要学习增本领，
争做中国好少年。
长大为国做贡献，
早日实现航天梦。

萤火虫

□吴沛颖（四年级）
□吴　芸（指导老师）

记忆里的萤火虫呵，
总在梦里萦绕，
不肯离去。

童年的一场雨哟，
涤荡着纯洁的心儿，
没有忧伤。

岁月的脚步哦，
河水一般匆匆离去，
从不回头。

儿童是一缕缕阳光

□陈子佳（四年级）
□陈清云（指导老师）

儿童是一缕缕阳光，
冲破云层，
来到了宽广的大地。

奔跑在草原上，
马儿欢草儿高；
嬉戏在湖水里，
水发光也发亮；
抚摸在人们的脸上，
带来阵阵温暖……
愿我们这一束束阳光
能驱散阴霾，温暖大地，
让祖国更加灿烂辉煌！

雨后天晴的小径

□余炫臻（四年级）
□陈清云（指导老师）

雨后天晴，
白雾轻轻漫起，
小径若隐若现，
显出几分神秘；

微风吹来，
小径露出真容，
仿佛戴上了围巾，
如同一位曼妙少女；

漫步其间，
甜润的花瓣邀舞，
“啪嗒”“啪嗒”，
发出心中欢喜！

啊，
雨后天晴的小径真美丽！

大自然

□王梓熙（四年级）

大自然有许多事物，
它们在哪里呢？

我们来到大自然，
低下头来，
看到正探出头的小草，
还有花儿正在微笑，
仿佛跟你说你好。

往前面走，
有好几棵大树，
挺拔地站着，
忽然来了一阵风，

它们就在和你打招呼。

往那边看去，
有许多小动物，
兔子，猴子，小鸡，
它们在嬉戏，
玩得不亦乐乎，
你一走过去，
它们就和你捉迷藏。

又一阵风，
云聚集起来了，
突然下起了雨，
雨就像开音乐会，
滴滴……答答……

青蛙也来了，
它也来帮忙，
呱呱……呱呱……

雨停了，
你会看见小水坑，
你点一下它，
它就泛起晕皱，
仿佛在说“好痒呀！”

你抬起头，
你会看见云在走路，
一会儿变成羊，
一会儿变成马，
一会儿挤在一起。

啊，大自然
你多么美好。
啊，大自然，
是你创造了一切。

欢乐的校园

□王熠昕（四年级）

早上，在操场上，
看见老师同学的汗水。
哼哧哼哧，挥舞着扫把……
原来是在帮大树爷爷清垃圾呢！
大树爷爷一定很感谢他们。

教室里，
同学们都在认真看书，
偶尔会有一两只小鸟歌唱，
听到小鸟的声音，
同学们心中的一切烦恼都消失了。

下课丁零零，丁零零，
同学们风一样的跑道操场，
上课丁零零，丁零零，
同学们又风一般跑回教室。

放学，

大家开心地欢呼，

看见一个个远处爸爸妈妈的身影，

让我们，放学回家去吧。

抗太阳大军

□林思瑾（四年级）

到了夏天，

太阳总是那么调皮地放出她所有的光芒，

热！

热！

热！

这时候，抗太阳大军来了，

风扇姐姐铆足了劲吹，

赶走我身上的热气，

空调弟弟的凉快更是惊人，

只要一个按键，

带走所有热气。

可太阳也不甘示弱，

放出了40℃的热气，

哎呀！

这可怎么办呀？

“别怕，我来了！”

这是谁给太阳下的战书？

原来，

是冰棍一家。

吃一口，

热气就跑了。

猫

□王炯斯（四年级）

在我的家里，

有一只灰猫。

毛茸茸的头，

长长的尾巴。

它喜欢睡觉，

也喜欢撒娇，

它活泼可爱，

也善解人意。

它很勇敢，

也很大胆。

它敢抓老鼠，

也敢玩小猫。

淘气的冬孩子

□曾梓淇（四年级）

在寒冷的冬天里，
住着一个冬孩子。
圆圆的像个雪球，
在雪地里跑啊跑。

它千变万化，
小娃娃，冰屋，水和山，
小方块，雪龙，雪球，
它都能变。

冬孩子最怕夏孩子，
和夏孩子玩游戏，
一下子就不见了，
只剩下一摊水。

这里找，
那里找，
都找不到冬孩子。

冬孩子你真淘气，
一直在玩捉迷藏，
怎么找也找不到，
一到冬天就找到了。

久违的自由

□林若彤（五年级）
□陈沐歆（指导老师）

几个月前
一场突如其来的疫情
吞噬了我们的自由
我们只能宅居家中
偌大的操场空无一人
空荡荡的教室里
只有课桌椅在静静地等待

几个月过去了
阴霾散尽
春暖花开
看着操场上奔跑的身影
听着教室里琅琅的书声
我们尽情享受
久违的自由

中国加油

□麦润青（五年级）
□张晓亮（指导老师）

2020 年的春节
以一个特别的方式开启
新冠病毒肆虐
华夏大地阴云笼罩

医民同心赴逆行
一场没有硝烟的战争打响了
我们
不能像白衣天使一样
不能像志愿者一样
奋斗在第一线
我们
听从指挥
宅家防护
就是最好的抗疫

武汉加油!
中国加油!
十四亿华夏儿女
携手等待春暖花开时

星星

□林婕函（五年级）
□陈沐歆（指导老师）

大人常说
每个人都是天上的
一颗星星

我常想
怎么才能成为
最亮的那一颗星呢?

奶奶告诉我,
好好学习
改正缺点,
就能变成最美最亮的星星。

校园梅花赞

□吴丹琦（五年级）
□陈沐歆（指导老师）

白雪皑皑的世界
飘舞着
晶莹剔透的雪花
冬雪下
埋藏着一缕幽香
她有着
不惧严寒的坚强。
她带着
对春天的向往
在冰冷无情的风雪中
欣然绽放
洁白的身躯
散发着缕缕清香

小小草

□赵雯仪（五年级）
□陈沐歆（指导老师）

假如你被小小草

扎到了脚
请不要生气
也不要发火
因为
小小草只想
在你上学的路上
跟你
有礼貌地打招呼

天和地

□唐沛霖（五年级）
□张晓亮（指导老师）

很久很久以前
天和地
是一对好朋友
一起睡觉
一起游戏
形影不离

可有一天
天和地闹别扭了
各自背起行囊
向相反的方向走了
从此
天和地分开了

灯塔

□林晓楠（五年级）
□陈沐歆（指导老师）

夜晚的灯塔，
是航船的指明灯；
夜晚的灯塔，
是大海的守护神；
夜晚的灯塔，
是辛勤的老师，
照亮我们前进的方向

红旗下遐想

□林奕畅（五年级）
□陈沐歆（指导老师）

中国
我的祖国
高高飘扬的五星红旗下
我在遐想

我想变成
一只雪白的和平鸽
轻轻掠过
雄伟的万里长城

我想变成
一架先进的飞机

呼啸着飞过
云山雾海的黄山

我想变成
一艘巨大的航船
在祖国的南海上乘风破浪
我想变成一列磁悬浮列车，
在青藏高原上飞驰……

中国
我的祖国
高高飘扬的五星红旗下
我在遐想……

我的梦

□陈怡霖（五年级）
□张晓亮（指导老师）

在柔软的床上
我做着各种味道的梦

咸咸的
酸酸的
甜甜的
香香的
辣辣的
……

我最喜欢的
是香香甜甜的梦

中华儿童诗

□王钰冰（五年级）
□詹彩凤（指导老师）

我中华　五千年　人交友　要友善
讲文明　懂礼貌　诚为先　信为本
言必行　行必果　诚一偌　值千金
诚信在　事必成　好郎儿　垂青史

我要制造坏毛病吸尘器

□沈易申（六年级）
□谢月贤（指导老师）

我要制造一台坏毛病吸尘器
要对所有有坏毛病的人吸
先对爸爸吸
吸去爸爸爱乱发脾气
的坏毛病
再对妈妈吸
吸掉妈妈爱乱扔东西
的坏毛病
还要对小姨吸
吸掉她不理解小朋友
的坏毛病

还要对自己吸
吸掉我爱狮子吼
的坏毛病
这样我们大家都成了
没有坏毛病的人
快乐、美满地
生活在一起

童年

□邹恩彤（六年级）
□许少娜（指导老师）

童年就像百宝箱，
藏着我们的快乐时光。
童年就像八音盒，
播放着我们成长的华彩乐章。
童年就像一辆巴士，
载着我们多彩的记忆，
奔向美好的未来。

小学毕业了

□许愉雯（六年级）
□郑彦娜（指导老师）

12 个学期
240 多个星期
1200 天
9600 多节课
我们一同度过

科技节
艺术节
体育节
六一儿童节
我们一起乐过

我们一起攻克难题
我们一起分享快乐
我们一起分担忧愁
我们一起品尝春游秋游的野餐
……

六年十二册教科书齐了
人却散了
校园不再属于我们
教室不再属于我们
亲爱的老师不再属于我们
友谊将会延续
延续……

没有硝烟的战疫

□王文烨（六年级）
□郑彦娜（指导老师）

2020 年的新春

本是万家团圆时
突如其来的疫情
在武汉爆发

一座城
牵动着亿万颗心
一场没有硝烟的战役
打响了

疫情就是命令
防控就是责任
祖国一声召唤
亿万华夏儿女
义无反顾奔赴抗疫一线

多少个不眠的夜晚
多少双布满血丝的眼睛
众志成城
情系武汉
与时间赛跑
同死神抗争

中国必胜
武汉必胜
黑暗终将过去
我们张开双臂迎接崭新的黎明。

爱的主色调

□陈怡颖（六年级）
□郑彦娜（指导老师）

妈妈的爱是红色的
像熊熊燃烧的火
给予我们无微不至的温暖

老师的爱是黄色的
像黑暗中的明灯
指引我们前进的方向

祖国的爱是蓝色的
像浩瀚的海洋
我们在浩瀚的海洋尽情畅游

致敬白衣战士

□吴嘉仪（六年级）
□郑彦娜（指导老师）

一场瘟疫
突然降临
我们不怕
因为我们有白衣战士

医院
是他们的战场
手术刀

是他们的武器
防护服
是他们的战袍

他们
是人民白衣战士
他们
是逆行的英雄
是亿万人民生命的守护神

毕业在即

□林子雅（六年级）
□元　淳（指导老师）

我们是懵懵懂懂的孩童，
一起走过六年的春秋冬夏。
如今，
毕业在即，
我们已是怀揣梦想的少年。
我们应该：
自信自律，
做最好的自己；
善学善问，
将中华文化发扬光大；
雅言雅行，
携手共创美好未来！

野草

□吴哲煌（六年级）
□元　淳（指导老师）

野草很坚强，
任脚踩，任车压，
任风吹，任雨打。
镰刀割了还要发。
冬天枯黄了，
春天芽又发。

在学校的一天

□王柏霖（六年级）
□元　淳（指导老师）

天气真好，
走在去学校的路上，
鸟儿对着我唱歌，
花儿向着我欢笑。
来到学校，
上课认真学习，
下课快乐玩耍。
美好的一天，
就这么过去了。

自由

□张梓沫（六年级）
□元　淳（指导老师）

当鱼儿挣脱地面奔向大海；
当鸟儿逃出笼子飞上天空，
我想成为田野中的蒲公英，
随着风，
飞向远方。

毕业的我们

□许伊桐（六年级）
□元　淳（指导老师）

时光匆匆，
六年级的我们，
即将毕业。
在这六年里，
友情让我们团结。
我们从互不相识，
到亲密无间。
转眼间，
即将分别，
让我们一起伴着时光的脚步，
留下友谊的无瑕，
畅想未来吧！

雨

□庄欣彤（六年级）
□元　淳（指导老师）

雨滴滴答答地下着
像一汪清泉
渗入我的心田

小草伸直了腰
吮吸着甘甜的雨露
花儿张开它娇嫩的花瓣
贪婪地接收那一颗颗珍珠

人们撑开伞
任雨点在伞面上跳跃
孩子们张开双臂
迫不及待地去拥抱它们

雨，还在下着
滴答，滴答……

新同学

□沈金金（六年级）
□元　淳（指导老师）

老师说，
来了一位新同学。

我们打扫教室，
打开窗户，
准备惊喜，
等在位子上。

“丁零零……”
上课铃响了。
夏风吹来，
爬山虎晃了晃脑袋。
老师说，
新同学到了。

感谢师恩

□陈逸轩（六年级）
□元　淳（指导老师）

老师，
您，是勤劳的园丁，
用知识
浇灌着祖国的花朵。

老师，
您，是无私奉献的蜡烛，
燃烧自己，
照亮我们前行的道路。

老师，
您，是金光闪闪的钥匙，
打开知识的大门，
引领我们在知识的海洋中遨游

老师，
我们永远感谢您！

我想

□蔡思凡（六年级）
□元　淳（指导老师）

我想变成一只鸟儿，
在蓝天白云间自由翱翔，
去欣赏遍野美丽的风景。

我想变成一只海豚，
在海里自由欢快地畅游，
去探索神秘而又色彩斑斓的海底世界。

我想变成一股清泉，
在山谷里自由地流淌着，
去滋润世间万物。

我想变成一缕阳光，
在冬日里照亮每一寸土地，
温暖着每个人的心房。

我想……

暖阳下

□黄斯彦（六年级）
□元　淳（指导老师）

春秋轮回，
冬日再次降临。
这次，
是深不见底的黑暗，
城市笼罩在无尽的黑雾中。

春雷乍起，
是那一抹白色身影，
在黑暗中不断凝聚，
在团结互助下，
终于打破了黑暗。
一束光照了下来，
——是暖阳。

漫天的黑雾在被驱散，
厚厚的冰雪正在融化，
那暖阳——白衣天使。

冬日的寒冷，
正一点一点被温暖替代，
指尖碰着指尖，
防护服隔不住的温暖，
一点点蔓延。

暖阳下，
疲惫的脸上挂着笑容，
那是——幸福的笑容。
是你们
用身躯去抗击疫情，
帮我们筑起防护墙。

辛苦了！
白衣天使！
还有所有守护我们的抗疫英雄们！

如果

□李思诺（六年级）
□许少娜（指导老师）

小时候，
我曾经想过许多如果。
如果我是太阳，
我会散发光和热，
普照大地；
如果是月亮，
我会反射阳光，
照亮月夜。

如果我是大树，
我会洒下一片阴凉；

如果我是小草，
我会增添一份绿意。
可是，
梦醒后，
我会发现，
我只是我，
也只能是我，
一个爱幻想的小孩子。

我的台灯

□吴小越（六年级）
□许少娜（指导老师）

我有一盏台灯，
在我的书桌上，
是绿色的。

每当我，
在书桌上学习的时候，
它就站在那儿，
为我照明。

它发出一束束
温暖的，明亮的灯光。
像是在抚摸着我。
它一定喜欢我学习的样子吧。

我爱我的台灯。

我的母亲

□陈蔚锋（六年级）
□郑彦娜（指导老师）

她，
是多么的善良，
又是多么的伟大。

小时候，
爱抽泣的我，
总在她的怀中踢踹，
她，却还对我唱着童谣，
哄着我进入甜美的梦乡。

上幼儿园了，
我不知不觉离开了她，
懵懵懂懂的，
进了幼儿园，
她把我的小手递给了老师，
满怀期望又泪流满面地看着我与老师，
匆匆地离开。

就这样不知过了多久，
我长大了，
上了小学，
也懂事了，
与同学们一起快乐的读书成长，

生病时，
她却还依然无微不至地呵护我！

以后的日子，
我必须给她一个健康，
给她捶背泡脚，
将之前她给我的好，
全部报答！

母亲，您辛苦了！

好久不见
——记录返校的第一天

□陈梓菡（六年级）
□元　淳（指导老师）

5月11日，
我们重返日思夜想的校园。
这熟悉的教室，
这久违的声音，
“嗨，早上好，好久不见！”
“好久不见！”

上课，
老师亲切的话语，
同学们琅琅的读书声，
又重新在耳边响起。
紧张、认真、有序的学习氛围又回到我们生活之中。
这感受是真真切切的。

下课，
开朗的笑声又溢满整个教学楼，
那些迫不及待的知心话、面红耳赤的兴奋样，
共处了六年的好伙伴们，
仿佛出了笼的鸟儿。
这感受，
也是真真切切的。

放学，
虽然规规矩矩地相隔着一米
的距离，
出了校门，却还是要
抱一下朋友。
“明天见啰！”“明天见。”
久违的拥抱，
这感受，
更是真真切切的。

终于，
终于不是整日面对电子屏幕，
终于不是隔着窗户望着蓝天白云，
终于，回到那个美丽的校园。

小的时候

□林鑫锐（六年级）
□许少娜（指导老师）

小的时候，
坐在地上，
仰望着夜晚的星星，
想：那一闪一闪的，
是什么呀？

大了一点之后，
从长辈那儿得知：
那是星星，
见到汤匙状的星星，
就不会迷路。

上小学后，
才知道，
那是北斗七星。

春

□林沁楠（六年级）
□唐美云（指导老师）

春，
你犹如一瓶催化剂，
吹拂着大地，
使万物瞬间复苏。
春，
你犹如一只精灵，
能使用魔法，
给万物增添灵气。
春，
你犹如一支多色笔，
用你的各种颜色，
渲染着大地，
让大地变得五彩斑斓。

春，
你的到来，
给人们带来了温暖。

春天来了

□林彦彤（六年级）
□唐美云（指导老师）

春天来了。
小草从土里探出头来，
小树在阳光雨露的滋润下茁壮成长，
桃花绽放出最灿烂的笑容。
春雨绵绵，
春笋在雨后破土而出，
鲜花被雨滴打湿反而更为娇嫩。
到处生机勃勃，清新美好。

开学啦

□张辛渝（六年级）
□唐美云（指导老师）

开学啦！
这一天，所有人都好开心。
路边的花儿笑了，
小草也高兴地摇着头。

上课啦！
学生们认真听老师讲课，
小花小草在听大树讲课，
白白的云朵在听太阳讲课，
老鸟在给小鸟们讲课，
大自然的一切都在上课。

他们不管大还是小，老还是少，
都喜欢开学。

魔术师的手掌

□陈芊燃（六年级）
□唐美云（指导老师）

从桃子里变出桃太郎，
从甜瓜里变出瓜公主。

从鸡蛋里边出小鸡，
从种子里变出树芽。

从群山里变出太阳，
从大海里变出云岭。

我，也是从哪个魔术师
的手掌里变出来的吗？

爬山虎

□洪嘉苗（六年级）
□许少娜（指导老师）

它生长在地里，
悄悄地破土，
悄悄地发芽。

它不管小野草和小昆虫的讥笑，
也不管风的吼叫和雨的击打。
它牢牢地贴着墙，
使劲地往上爬。

它已经爬到了墙的顶端，
整个花园都在它的脚下。
它伸出绿油油的叶子，
跟太阳打招呼。
它抬头挺胸，
露出了胜利的微笑！

剪下一缕阳光

□任旸齐（六年级）
□唐美云（指导老师）

太阳——
一个热情的金发姑娘。
她那长长的金辫子
从天边垂下，给树儿披上
金黄的纱衣，
为我戴上隐形的翅膀。

太阳的金辫子——
真漂亮！
谁能剪下一缕阳光？

细细的柳树叶，
我家的白纱窗……

让我
也剪下一缕阳光，送给
白衣天使们。
他们，
可不就是
一个个
小太阳！

渴 望

□黄立晨（六年级）
□陈妙儿（指导老师）

疫情肆虐，
我们待在家中，
我们渴望——
渴望出门玩耍，
渴望摘下口罩，
渴望春天的到来！

我们像笼中的鸟儿一样，
渴望着飞向蓝天；
我们像地上的草儿一样，
渴望得到春雨的滋润；
我们像小树一样，
渴望快快长高。
我们渴望，在蓝天白云下，
在春风拂面中，
我们可以摘下口罩，
一起在校园中欢歌笑语！

口罩歌

□江水蓝（六年级）
□唐美云（指导老师）

小口罩，
有点闷，
里头学问深。

戴口罩，
就是好，
飞沫病菌吸不到。

戴口罩，
无论男女和老少，
共防共治要做到。

小口罩，
保健康，
大家都把口罩来戴好！

秋天
□陈逸涵（六年级）
□唐美云（指导老师）

秋天是五彩缤纷的。
不信的话，
你就到果园去看看：
苹果圆溜溜的，
像一群小孩子的脸，
又圆又红；
葡萄紫莹莹的，
像一串晶莹剔透的水晶球；
橘子金黄金黄的，
像一颗颗金色的皮球一样，
圆滚滚的。

榕树爷爷
□林楷杰（六年级）
□唐美云（指导老师）

榕树爷爷
虽然您老了
但您仍然张开的宽阔的肩膀
为我们遮风
为我们挡雨

你那长长的胡须里
藏着许多我爱听的故事
而你那绿色的衣裳里
装着许多我想看的图画

那天，我在您的怀里睡着了
梦见自己也变成了——
大榕树

如果我是
□赖宇轩（六年级）
□唐美云（指导老师）

如果我是一棵树
我会调节气候
保持生态平衡
给人们带来清新的空气

如果我是一盏路灯
我能照亮前进的路
方便人们出行
给人们指引光明的方向

如果我是一株草
我能净化空气
减少空气中细菌的含量
给人们带来绿的享受

如果我是一股清泉
我将滋润禾田庄稼
让广阔的田地得到滋润
给人们带来丰收的希望

书

□李逸涵（六年级）
□唐美云（指导老师）

书，
是把金钥匙，
带我们跨进新世界的大门。

书，
是艘小帆船，
带我们遨游在书的海洋。

书，
是个放大镜，
为我们放大世界的每个角落。

书，
是位好老师，
教会我们许多冷门小知识。

书，
到底是什么呢……

我心中的新时代

□袁筱璐（六年级）
□陈妙儿（指导老师）

美丽的大中国，
正迈进新时代。
我的祖国，伟大的母亲，
我要为你点赞！

我自豪你的坚强，
新时代的宏伟画卷气势磅礴；
科技改变生活，
人与人之间的距离越来越短，
出门购物不用带钱包；
称雄世界的中国高铁，
千里之遥仅在瞬间。

社会主义核心价值观的影响，
“一带一路”的战略大发展，
带领大家脱贫致富奔小康。

我自豪你的勇敢，
中华民族把自己的命运牢牢掌握。
强军强国新武装，
有外国人羡慕的安全。

我伟大的祖国啊！
我以你为荣，
我为你骄傲！

我的梦想

□陈杜方周（六年级）
□陈妙儿（指导老师）

我有一个梦想，
在 2050 年，
没有战争，
只有和平。
人们团结，友善，
不再有争执，
只有和睦。

我有一个梦想，
在 2050 年，
不再会有排放废气的工厂，
只有大片大片的森林。
不再会有动物灭绝，
只会有灭绝的动物重新出现。

我有一个梦想，
在 2050 年……

夏

□黄希悦（六年级）
□唐美云（指导老师）

夏天的风，
像火热的浪，
扑面而来，
酷暑已至；

马路街边，
一排排绿色士兵，
坚守岗位，
挺拔不让，
与艳阳试比高；

夏日歌者，
纵声高唱，
“知了——”
“知了——”
不远处的小鸟轻声和着，
一场夏日演唱会，
拉开帷幕。

这小小昆虫，
好像在不经意间，
窥见了夏天的秘密。

雨姑娘

□杨　仪（六年级）
□唐美云（指导老师）

是谁家的姑娘在哭泣？
落下的眼泪成了雨，
滴滴答答落不停。
噢，原来是雨姑娘。

春天的雨姑娘一哭泣，
土里的春笋就悄悄探出了头，
丛中的花姑娘便绽开了笑容，
江边的杨柳也换上了新衣裳。

夏天的雨姑娘一哭泣，
地上的小草变得更加嫩绿了，
树上的叶子变得翠色欲流了。
地里的西瓜也变得圆滚滚的。

秋天的雨姑娘一哭泣，
果园里的苹果红透了脸，
麦田里的麦子压弯了腰。
大树换上了黄色的衣裳，
秋风吹过，
掉了满地金元宝。

冬天的雨姑娘变成了雪姑娘，
为整个世界盖上了雪白的被子。
世界在暖和的被窝里，
陷入了沉睡……

爱哭的雨姑娘。
一年四季都在哭泣，
她究竟为什么哭泣呢？

在书的海洋里畅游

□李思睿（六年级）
□许少娜（指导老师）

书，是照亮人生道路的明灯，
书，是黑暗中的蜡烛。
我，
喜欢在书的海洋里畅游。

书带给我知识。
它让我学会了不少东西，
它让我从一个牙牙学语的小丫头，
变成了知识渊博的小姑娘。
它是开启知识大门的钥匙，
是照亮人生道路的明灯。

书带给我快乐。
它让我成为一个爱笑的姑娘，
它让我忘记了一切烦恼。
它是心情低落时的开心果，
是黑暗中的蜡烛。

我喜欢在书的海洋里畅游。
我会珍惜与它在一起的时光。

真情

□周楚媛（六年级）
□许少娜（指导老师）

一个女孩
拥有一只企鹅
企鹅
拥有滚圆的身子
和一副呆萌的面容
女孩领着她的企鹅
在睡梦中
嬉戏

一只企鹅
拥有柔顺的绒毛
绒毛里
藏着女孩的温度
和一段珍贵的记忆
企鹅依着它的女孩
在嬉戏中
欢笑